六點
評論

VI HORAE

蒙以养正

哲学与青年教育

曹聪 著

华东师范大学出版社

·上海·

华东师范大学出版社六点分社　策划

关注中国问题
重铸中国故事

缘　　起

在思想史上,"犹太人"一直作为一个"问题"横贯在我们的面前,成为人们众多问题的思考线索。在当下三千年未有之大变局中,最突显的是"中国人"也已成为一个"问题",摆在世界面前,成为众说纷纭的对象。随着中国的崛起强盛,这个问题将日趋突出、尖锐。无论你是什么立场,这是未来几代人必须承受且重负的。究其因,简言之:中国人站起来了!

百年来,中国人"落后挨打"的切肤经验,使我们许多人确信一个"普世神话":中国"东亚病夫"的身子骨只能从西方的"药铺"抓药,方可自信长大成人。于是,我们在技术进步中选择了"被奴役",我们在绝对的娱乐化中接受"民主",我们在大众的唾沫中享受"自由"。今日乃是技术图景之世界,我们所拥有的东西比任何一个时代要多,但我们丢失的东西也不会比任何一个时代少。我们站起来的身子结实了,但我们的头颅依旧无法昂起。

中国有个神话,叫《西游记》。说的是师徒四人,历尽劫波,赴西天"取经"之事。这个神话的"微言大义":取经不易,一路上,妖魔鬼怪,层出不穷;取真经更难,征途中,真真假假,迷惑不绝。当下之中国实乃在"取经"之途,正所谓"敢问路在何方"?

取"经"自然为了念"经",念经当然为了修成"正果"。问题是:我们渴望修成的"正果"是什么?我们需要什么"经"?从哪里"取经"?取什么"经"?念什么"经"?这自然攸关我们这个国家崛起之旅、我们这个民族复兴之路。

清理、辨析我们的思想食谱,在纷繁的思想光谱中,寻找中国人的"底色",重铸中国的"故事",关注中国的"问题",这是我们所期待的,也是"六点评论"旨趣所在。

点 点

2011.8.10

人是如此地被最严肃、最困难的问题包围着，因此，如果他被以适当的方式引向这些问题，就会较早陷入那种持久的哲学性的惊异，唯有在这种惊异的基础上，就像在一片肥沃的土壤上，一种深刻而高贵的教育才能生长起来。往往是他自身的经验把他引向这些问题，特别是在激荡的青年时代，几乎每一种个人经历都反映在双重的光辉之中，既是一种日常生活的例证，又是一个令人惊异的和值得阐明的永恒问题的例证。在这样的年龄，人会看到他的经历仿佛被形而上学的彩虹围绕着，这时最需要一只引导他的手，因为他突然地、几乎本能地相信了人生的歧义性，失去了迄今为止怀有的传统见解之坚实土地。

——尼采，《论我们教育机构的未来》

自　序

蒙以养正，圣功也。

《周易》第四卦是"蒙"，谈教育，与第三卦"屯"是相反的一对。乾坤始交生成万物，于是有了屯。屯卦说，天造草昧的混沌之初，君子艰难地求索秩序，第六爻结束于君子厄于险极、四顾无援的泣血涟如。不过，紧随其后的"蒙"带来了转机：孤立无援的君子有了友伴，开始识别并教育他们。

《序卦》说，蒙是自然之萌发，所谓"物生必蒙"——稚嫩微小的自然物欣欣然亟待萌发，自然之中的人也不例外。于是，人之教育原本就有自然的起源，蒙卦吐露了教育的大道。教育必须由发蒙者与蒙者共同完成：蒙卦的六五是童蒙，九二是发蒙者，前者阴而后者阳。卦辞说，二者的相认全凭童蒙主动去求，双方志应；若无志应，童蒙必不信受，教育关系就无从缔结，也就是渎蒙。在教育关系中，受教育的青年尽管尊于主位,却必须借助发蒙者之力,方能走出**困蒙**,故需有**柔顺**之德。蒙卦的最后还发出告诫:治人之蒙,不应攻治过深,教育需要把握分寸和界限,才不至于为害。

这本小书探讨西方思想中的哲学与教育,从代表西方哲人典型形象的苏格拉底在青年时代的一次教育经历谈起——当然,整件事多半是柏拉图的虚构。柏拉图在《巴门尼德》上演了一出哲人的教育剧,这出哲学戏剧步步惊心,既包括精彩纷呈的情节,也包括洁净精微的论证,展现了青年苏格拉底的"困蒙"与"发蒙"。《巴门尼德》颠覆了苏格拉底在柏拉图对话中的一贯身位,他不再是发蒙者,而是童蒙。这部对话展现了青年苏格拉底走出"困蒙"的重要经历:在巴门尼德引导下,青年苏格拉底完成了哲学的临界之思,自此,青年苏格拉底成为了苏格拉底。对于所有被"形而上学彩虹环绕"的青年重返坚实大地而言,这部对话都意义重大。

比起启蒙天赋卓越的潜在哲人,卢梭更看重启蒙大众,他在《论科学与艺术》给出的理由是天才是自然命定的,无需导师。当然,这也许只是托辞,但卢梭的确出于某种复杂的原因,格外重视大众。他反对柏拉图《王制》中的"精英教育方案",他要创制比"理想国"更理想、同时也更可行的政制,从而解决人与社会的亘古难题。《爱弥儿》这部巨著就是卢梭的自然教育方案,整套方案都在柏拉图的高度与之对抗。卢梭质疑柏拉图的教育方案的自然性与可行性,他挑选了资质平庸的常人爱弥儿进行避免一切外界干扰的人工教育实验,以便让爱弥儿符合《社会契约论》创制的公民社会的要求,同时成为每个普通公民的教育范本。于是,卢梭不惜改写人的天性——理性、爱欲与情感,还给爱弥儿的心中播种了哲学的怀疑精神。致命的是,这种哲学的怀疑精神不再赋予理性以灵魂御马人的高贵地位,这也就为他的整个设计掀开了潘多拉魔盒……

尼采反对柏拉图,也反对卢梭,但他不得不承认自己必须与他们和解。世人皆知尼采对民主品位深恶痛绝,施特劳斯指出,这不仅是文化品位问题,更是哲学问题。尼采首当其冲的使命就是捍卫哲学的地位,为此他不惜清理柏拉图主义传统,在《善恶的彼岸》第一卷用权力意志审视古今哲人的前哲学信念,激烈地批判柏拉图本人。然而,在尼采青年时代的未刊文稿《论我们教育机构的未来:六个公开的报告》中,他不时地赞美柏拉图,批判卢梭。

这是尼采唯一一部关于教育的专论,但却极具戏剧对话风格。他在这里旗帜鲜明地抨击大众教育的种种乱象,揭穿这种教育原则背后的深层理由,最后明确提出"真正的教育"的权力在哲人手里。他称这篇文稿为文明危机时刻的战斗号角,尽管前路漫漫,道阻且长,用哲学唤起并教育有志的青年同道便意味着转机的来临。

毋庸讳言,这本小书的完成受益于施特劳斯的引导。第一部分关于"形相论"的理解直接受益于施特劳斯和在他启发下思考哲学的人,第二、三部分在翻译施特劳斯两部讲课稿①的过程中逐渐完成。对于作者而言,施特劳斯的意义不在于提供一种哲学理论或政治立场,而在于开启认识西方思想传统与重新认识你自己的可能性。

曹　聪

2020 年 4 月 22 日

---

　　①　两部讲课稿分别是《哲人的自然与道德——尼采〈善恶的彼岸〉讲疏》(华东师范大学出版社,2017)、《卢梭讲稿》(华东师范大学出版社,即出)。

苏格拉底的哲学教育

一 《巴门尼德》中的城邦与哲学

　　《巴门尼德》呈现了柏拉图对话中最年轻的苏格拉底形象。那时,苏格拉底才十八九岁,正是痴迷形而上学的年纪,他带着刚刚领悟到的"形相论"意气风发地登场,迫切地与埃利亚的巴门尼德师徒争辩。他展现出极高的哲学天赋:敏锐地捕捉到芝诺诡谲论证的真实动机,并犀利地洞穿这些论证的破绽。然而,他自己很快就被巴门尼德更加高超的**逻各斯**($\lambda\acute{o}\gamma o\varsigma$)技艺引领至形而上学的边缘,通过巴门尼德的教育,青年苏格拉底获得了某种关乎他未来哲学进路的洞见。《斐多》中的苏格拉底自述,年轻时经历过一次"灵魂转向",转向的关键一步正是发现逻各斯对于探究**自然**的重大意义,巴门尼德所传之教正是这次转向的要津。柏拉图笔下的青年苏格拉底接受过巴门尼德的辩证术教育,还接受过第俄提玛的爱欲教育,两次教育共同促成他走出青年时代的困蒙状态。

《巴门尼德》是一部晦涩难懂但却影响深远的西方经典,副标题"论*形相*"和"逻各斯的"表明对话主题大致属于如今所谓的"存在与语言"论域。这个经典哲学主题深深地吸引了古今数代爱好思辨的头脑,然而,令人备感困扰的是,柏拉图没有写下一部体系森严的论著讨论这个主题,却选择上演了一出"苏格拉底学习时代"的戏剧。观看完这部戏剧,人们不仅不会到得任何确凿的答案,反而会心生更多困惑。尽管数代爱智者从未放弃经由这出哲学戏剧推断并确定一套柏拉图存在论学说的努力,他们甚至连青年苏格拉底论证时反复提到的"形相"究竟是什么都很难达成共识。

柏拉图为所谓的"存在论"(或称本体论)和"辩证术"穿上了戏剧外套,这个做法令这方面的一切努力都变得异常困难:原本就出自多人之口的一场哲学对话复又经过许多道转述,该如何确定何为柏拉图之本意?戏剧外套限定了后人提炼柏拉图学说的种种努力,人们理所当然地认为,最好的方法莫过于求助于历史上最熟悉他的那些亲炙弟子的转述。

然而,随着对柏拉图传统理解的推进,如今的研究者愈发深刻地达成一个基本共识——柏拉图的意图与柏拉图主义传统的多重转述存在事关重大的某种偏差。晚近百余年的古典语文学研究成果为人们提供了直接阅读柏拉图全部文本的可能性,人们只消对西方思想史略作了解便不会反对:柏拉图的意图优先存在于他那些戏剧形式的对话作品中,故而必须直面作为整体的柏拉图文本,尤其必须首先关注他借戏剧要素想传达出何种问题处境。至于那些从柏拉图学园时代就开始流传的意见,最多能为我们提供带有特定视角的参考——尽管这些意见源于最亲近柏拉图的那些人,还各自有着不可小觑的传承谱系。斯彪西波既是柏拉图学园的继承人、也是他的侄子,他与柏拉图最负盛名的弟子亚里士多德在柏拉图本原学说上分道扬镳,自此以后,各种意见的纷争持续至今。

从柏拉图笔下的苏格拉底哲学戏剧看,苏格拉底日后的哲学生涯经常会涉及甚至使用这次交谈的论题,比如,可感知的事物与可理知的形相的分有关系、辩证术与探究真理的关系、形相与善的关系等等。《泰阿泰德》、《智术师》和《治邦者》三部对话被称为"埃利亚对话",对话的背景是苏格拉底被告上法庭。在这种特殊处境下,他反复提到青年时代的这次对话;《斐多》的对话发生在监狱中,苏格拉底在生命的尽头再次回忆青年时代如何找到"形相"。三联剧中的苏格拉底平心静气、精力充沛地探讨哲学,轻描淡写地提到自己还要去应付那场决定他未来命运的官司。应诉余隙和守候大限都是哲学式闲暇的美好时光,城邦生活没能减损苏格拉底式哲人的自由。柏拉图笔下的苏格拉底高贵静穆,在生命最后的时刻,他年轻而又美好,不带任何悲剧色彩地与青年们继续探讨最重要的哲学论题——**存在与流变,宇宙与灵魂的永恒秩序**。

在生命的最后，苏格拉底喜欢向青年们回忆他被"形而上学彩虹"环绕的青年时代。《斐多》中的苏格拉底说，他的哲学起点与传统哲学一样，试图通过自然哲学窥探"存在者的真理"，思索"每个东西的原因，万事万物因何产生、消亡以及存在"（《斐多》99e）。青年苏格拉底也关心存在与生成之谜，但他的更明确的新关切令他不满足于前辈哲学。核心问题是，此前关于本原的种种假说都不回答"每一事物为何如此安排最好？"，青年苏格拉底却尤其关注永恒的自然秩序透露出的"好"。苏格拉底反对包括阿那克萨戈拉在内的前辈，因为在祛除关于自然的神话式理解的同时，他们的哲学也剥夺了宇宙秩序和目的——宇宙秩序的规律性被解释为事物依照内在本性运作的结果，而非来自外部宇宙心智的安排。

《斐多》中苏格拉底提出的基本关切影响到亚里士多德，一种合乎理性和秩序、以永恒至善为目的的宇宙论传统延续到近代。由于这个基本关切让苏格拉底的探究不断指向"好"，他通过人类政治生活和道德伦理来关注普遍的、共同的好，这让他有时呈现为一种道德面相，而非哲学面相。人们不时会争论，苏格拉底究竟是求知的哲人，还是立法的先知？在柏拉图笔下，二者为一，萌生于他哲学生涯之初，直至最后从未改变。

必须在这些戏剧背景展现的问题层面定位《巴门尼德》的主题。苏格拉底式自然探究关心永恒秩序之好，他发现直

观自然的困境与危险,从巴门尼德那里学到逻各斯的意义
(《斐多》99e)。这意味着,相对于探究好秩序,逻各斯转向是
从属性的问题。逻各斯的意义在于,提供了由个别之好出发
探究整全之好的可能性,所谓"形相"并非作为一种关于本原
的真理,而是明确作为一种"设立"或假设出现在这个过程中。

简言之,苏格拉底转向的关键问题是**好秩序**和**逻各斯**,
前者是他对自然与存在的特殊关切,后者从属于这一关切。
下面我们首先需要从柏拉图设定的场景和人物考察转向时
刻的青年苏格拉底的问题语境,以便更清晰直观地理解他如
何获得决定性的哲学洞见。

1. 爱智者的逻各斯之旅

名为**克法洛斯**的讲述者把我们引入《巴门尼德》。他向
我们讲述了一场发生在青年苏格拉底、芝诺和巴门尼德之间
的对话,他本人颇费一番周折才从柏拉图的异父幼弟**安提丰**
口中打听出来,安提丰又是从亲历者**毕托多洛**处听来。这烘
托出通达这场对话核心的艰辛。克法洛斯的回忆包括两个层
级的场景,第一场景是他的亲身经历:他和友伴从家乡克拉佐
美奈来到雅典市场,未洗风尘便又马不停蹄赶往安提丰家①。

---

①　安提丰家位于雅典城里一个名叫梅里特的特殊"区",坐落着
包括卫城在内的许多雅典著名建筑。

这个场景的主要人物有**克法洛斯**、**无名同乡**与雅典**三兄弟阿德曼托斯**、**格劳孔**和**安提丰**。第二场景在安提丰的言辞中，他忆述毕托多洛曾经向他讲述的内容，即多年之前发生在毕托多洛家的一场哲学对话。① 这场遥远的对话是驱使克拉佐美奈人来雅典的原因，当年的对话参与者有七人：埃利亚人**巴门尼德**与**芝诺**师徒，他们的追随者**毕托多洛**，名叫**亚里士多德**的青年人，青年**苏格拉底**和两位无名友伴。在核心对话开始前，每一层级的讲述者都强调了记忆的重要性。柏拉图对话多次谈到，好记忆是哲学天性的必备条件，《巴门尼德》是一部写给哲学天性的对话。

在对话的开头，克法洛斯说，刚下到雅典市场就巧遇要找的人——雅典兄弟阿德曼托斯和格劳孔，于是他向兄弟俩介绍说：

> 这些人……是我的同胞（πολῖταί τ' ἐμοί），极度的爱智者（μάλα φιλόσοφοι）（126b）②

Πολίτης 的意思是同邦的城邦民，φιλόσοφος 是热爱智慧的人，通常译作"哲人"。对话出现的所有人都有两重身份：作

---

① 毕托多洛家位于雅典西北角的克拉枚寇，这个区域部分在城外，部分在城内，是雅典人的最佳安葬地，也是雅典娜大节游行的起点。

② 本书中《巴门尼德》文本为笔者自译，未刊稿，下文出现仅注明编码。

为城邦民,他们被大地上不同的母邦孕育;作为爱智者,他们有共同的形而上家乡。这些克拉佐美奈人、埃利亚人和雅典人有着对逻各斯的非凡兴趣,同样热爱智慧,但这并未使他们的哲学趋于同一。哲学并未统摄一切,我们稍后会看到,对话中的各色人物千差万别,不同的灵魂类型通往不同的命运。

克拉佐美奈是阿那克萨戈拉的家乡,后者正是《斐多》中"第二次启航"的关键人物。《斐多》的苏格拉底说,年轻时正是认识到阿那克萨戈拉学说的困境,才转向形相。《巴门尼德》的青年苏格拉底已经在用形相讨论哲学,但他显得对这个新概念考虑得并不周密。对话不仅没有把形相展示为锋利的哲学武器,甚至还揭穿了它的要害。奇怪的是,从戏剧时间看,尽管早在《巴门尼德》,巴门尼德就已经让青年苏格拉底认识到用形相运思的逻辑困境,《斐多》的苏格拉底却仍坚持用类似的方式使用形相。

主流研究曾经一度依赖于通过勘定柏拉图的写作分期推断形相论的发展,他们认为,这种情况恰恰说明两篇对话写于同一个时期,这个时期的形相论尚不完备。然而,如今更多的研究者意识到,事情没有这么简单:就形相论发展理解柏拉图哲学远远不够,还很容易陷入难以破解的循环论证,除非借助外力——比如亚里士多德的说辞来切断这个循环。按照柏拉图本人安排的戏剧时间,戏剧人物苏格拉底在哲学生涯始终都对形相与哲学的关系持有一以贯之的看法,这表明他确实从巴门尼德那里获得了一些决定性的洞见。

讲述者克法洛斯与《王制》的东道主同名,但二者应不是同一人。最一般的理由是《王制》的克法洛斯是叙拉古人。另有一个更充分的理由体现在戏剧情节里,二人天性差异极大:《王制》的克法洛斯是个对哲学不感兴趣的俗人,他表现出一位暮年商人的平静与虔敬,他在哲学讨论开始时以祭神为由退场。这种宗教虔敬带有商人的品质,在一定程度上是功利计算后的选择:大限来临,他担心死后冥府会清算并惩罚早年的不义,时常"从担惊受怕的梦中醒来"(330e),他像揣摩人心一样揣测神意,试图通过祭祀贿赂众神逃过死后的惩罚。①

《巴门尼德》的克法洛斯却不一样,他们来雅典唯一的需求是打听**一些逻各斯**。这种热切的需求也出现在苏格拉底身上,《斐德若》的苏格拉底自称"沉迷于听逻各斯的病人"(228b),逻各斯可以引诱他去任何地方(230b)。柏拉图经常在对话中借人名提示"同名异质"问题,关于这个问题最详尽的讨论在《克拉底鲁》里,那里详细讨论了**名称、形相与真实**的关系,名称与形相也是《巴门尼德》的提出的问题。两位克法洛斯同名异质,展示**哲学天性与非哲学天性**之间的差异。柏拉图也借同名异质展示过哲学天性之间的差异,

---

① 米勒,《灵魂的转向:柏拉图的〈帕默尼德〉》,曹聪译,上海:华东师范大学出版社,2015,页22,注释2。

如,小苏格拉底与苏格拉底,僭主亚里士多德与哲人亚里士多德等。

格劳孔与阿德曼托斯是一对兄弟,二人是柏拉图的同胞。柏拉图在《王制》中刻画过二人的性情差异:阿德曼托斯代表城邦朴素需要,他与苏格拉底共同建造"猪仔城邦";格劳孔的欲望更多,他的欲求把对话行推向最高峰。兄弟俩都热爱言辞,二人把克拉佐美奈的同好邀请到幼弟安提丰家,还留了下来,耐心地与客人们一起又听了一遍安提丰的回忆。阿德曼托斯代表的节制与格劳孔代表的欲望引领哲学对话的展开。

克法洛斯生动地回忆了与兄弟二人相遇的场景,他说:

> 阿德曼托斯还攥住我的一只手,"欢迎,"他说。
> (126a2—4)

有人指出,柏拉图在这里化用了巴门尼德的箴言诗"论自然"的开篇场景,[①]一位无名女神欢迎青年客人:

> 把[他的]右手握在她的手中,还说了这番话给[他],"……欢迎!"(B1.22—26)[②]

----

① 米勒,《灵魂的转向》,前揭,页18。
② 大卫·盖洛普注,《巴门尼德著作残篇》,李静滢译,桂林:广西师范大学出版社,2011,页70。本书引用巴门尼德残篇均出自该译本,不再逐一说明。

普罗克勒斯最早指出,当时的希腊读者看到这个开场就会想到两位著名的哲人——阿那克萨戈拉与巴门尼德。对话开篇不动声色地引入了当时最著名的希腊哲学流派——伊奥尼亚派与埃利亚派:

> 伊奥尼亚的哲人……不是那么关注理智世界,更喜欢精心探究自然及其运动。意大利的埃利亚哲人关注形相之存在……苏格拉底与柏拉图兼具两个团体的旨趣,使低的臻于完美,高的益发精微。……让我们把伊奥尼亚视为自然的象征,把意大利视为理智存在的代表,把雅典视为居间者,雅典为灵魂提供一条上升之路,灵魂被唤醒,从自然转向理智。①

黑格尔评论说,普罗克勒斯是古代世界最好的《巴门尼德》解读者,②尽管他的《巴门尼德》评注本是新柏拉图主义神学的代表,在很大程度上影响着后世对柏拉图的理解。普罗克勒斯指出开篇两句话的玄机——这篇对话与前苏格拉底哲学,尤其是巴门尼德的哲学密切相关。开篇戏仿并改写

---

① *Proclus's Commentary on Plato's Parmenides*, translated by Glenn R. Morrow and John M. Dillon with Introduciton and Notes by John M. Dillon, Princeton University Press, p. 48. 引文为笔者自译。

② 黑格尔,《哲学史讲演录》,贺麟等译,北京:商务印书馆,1996,页199。关于黑格尔与《巴门尼德》的关系,可参考 Scott Austin, *Parmenides and the History of Dialectic*, Parmenides Publishing, 2007。

了巴门尼德的原诗,最显而易见的改动是**上升**之路成为了**下降**之路。原诗开头是青年讲述者的旅程,他驾驭飞马,在太阳女儿的引导下,叩启了正义之门。青年一路向上飞升,直抵一位无名女神的府邸。《巴门尼德》的开头也描写了旅程,只不过克法洛斯们从克拉佐美奈下降到雅典市场的人群里。不仅如此,最关键的改动关乎对**真理**与**意见**的看法。

女神的教诲被后人称为"真理之路"与"意见之路",要义是彻底否定意见之路是真实的。巴门尼德揭开了光明与黑暗的奥秘,这促成了柏拉图的深刻反思。现存残篇关于"意见之路"的相关内容(残篇9—19)保存不完整,但也足够令人称奇:这些现存的内容居然不是一般意义上的人世间的种种褊狭谬见,而是一种宇宙论和自然学,尤为关键的是,这正是巴门尼德本人的宇宙论。这意味着,巴门尼德把他本人的宇宙论和自然学称为意见,明确拒绝承认其真理性。一位哲人称自己的宇宙论和自然学并不是真理,而是关于现实可感知事物的人类意见,这个做法意味深长。他称人类灵魂朝向永恒"存在"的过程才是真理之路,即所谓"思与在是一回事"。《巴门尼德》从女神否定之处出发,于是,意见成为柏拉图式辩证术的起点。①

阿德曼托斯的欢迎词是:

---

① 沃格林,《城邦的世界》,陈周旺译,南京:译林出版社,页292—293。

噢,克法洛斯,要是你们在这儿需要的任何东西是我们能够做到的,就表示出来。(126a3—4)

这句话的关键词是"**需要**",人类有着不同的需求,正是这些需求带出了人类生活的很多问题。《王制》从健康城邦到发烧城邦的建造过程围绕人的需求展开(369b 以下)。在节制的阿德曼托斯与苏格拉底一起建立的朴素城邦里,**原初或基本需要**仅仅是食物、房子和衣服等身体所需,用后来的术语表达,这些东西只能满足基本的自我保全需要。随着欲望更强的格劳孔加入对话,奢侈城邦兴盛起来,正义与不义的问题相伴而生。城邦中的各色灵魂有着不同欲求,这些需求之间必然有冲突,这就造成私人和公共的恶,这些恶积累到一定程度就会引发战争。

战争需要战士,于是有了著名的护卫者问题:"何种天性适合去守护城邦,以及他们是什么样的(374e)。"《王制》关于哲学与哲人的讨论就产生于关于护卫者天性的讨论,大背景是城邦的需求。《巴门尼德》的克法洛斯表现了一种特殊需要,即典型的哲学需要,这篇对话的许多人物都有这种特殊需要。克法洛斯提出要求之前,介绍过同伴们既是城邦民,又是哲人。在这篇纯哲学对话里,柏拉图依然有意让城邦需求与哲学需求不构成冲突。《巴门尼德》有许多象征城邦政治生活的符号,如地名、人物、宗教庆典等等。这些安排传达了一种讯号:哲学思考出自、并关心城邦的日常生活,关心意见。

当阿德曼托斯兄弟带领克法洛斯一行来到安提丰家时,柏拉图安排了一个小情节表现安提丰式贵族青年的生活方式。兄弟俩向客人介绍异父幼弟时说,安提丰少年时代悉心练习过逻各斯,不过现在把精力都放在马术(127c)。众人来到安提丰家,恰逢安提丰跟铜匠交待如何修理马辔头。

马是西方哲学的经典比喻意象。在柏拉图对话中,最著名的是《斐德若》中灵魂马车的比喻,马在这里象征一种需要驾驭的灵魂动力。在巴门尼德的诗中,马象征牵引青年朝向天界女神的动力。[①] 安提丰与铜匠的关系对应《王制》的一个重要比喻。在《王制》卷十(601c以下),苏格拉底对诗人发起第二轮批判,他提出关于每种事物的三种技艺:用来使用的,用来制作的,用来模仿的。苏格拉底用马具比喻说明这三种技艺:画家绘制马具,铜匠、皮匠制作马具,骑手使用马具。模仿者(画家)和制作者(铜匠和皮匠)都不懂马具"应当是怎样",不懂区分好坏,唯有使用者(骑手)才懂,其中的关键在于"知识":

　　每位使用者不光最有经验,而且,是他告诉制作家,

① 关于巴门尼德诗的残篇,参英译本 Francis Mancdonald Cornford, *Plato and Parmenides*: *Parmenides' Way of Truth and Plato's Parmenides*, London, 1939. Reprinted by Routledge & Kegan Paul, 1980。

他使用的东西,在用处上哪些地方好,哪些地方坏。……
这于这种器具,制作家会拥有关于美和缺陷的正确意
见,因为他和懂的人在一起,也只得听从懂的人,而使用
者则会拥有知识。(601e—602a)①

铜匠和安提丰的关系对应**正确意见**与**知识**的关系,安提
丰拥有知识,懂得识别好坏,铜匠听从他的吩咐可获得关于
好与坏的正确意见。而模仿者则最麻烦,他既无知识,也无
正确的意见,无法区分美丑与好坏,他的制作品三度远离于
"**真**",但对于一知半解的大多数人来说,他的作品看似很美
(《王制》602b—c)。这里的知识并非无知之知意义上的终
极知识,而是属人知识。属人知识伴生于探究最高知识的过
程中,但并非关于真理本身的终极知识。当安提丰式青年受
过哲学教育后,会获得这个意义上的知识,这种知识的典型
特征是与技艺和使用直接相关。

安提丰凭过人的记忆力立刻认出客人,热情地欢迎他
们,只不过,他觉得他们的需求很难满足。安提丰推脱说,这
项任务繁重,后文苏格拉底等人请求巴门尼德演示辩证术
时,巴门尼德用同样的表述推说"任务繁重"(136d)。不过,
尽管二人都推脱了一番,最终还是讲了出来。尽管任务确实

---

① 本书中《王制》引文均出自史毅仁译本,未刊稿。同时参考柏
拉图,《理想国》,郭斌和、张竹明译,北京:商务印书馆,1986。

艰难繁重,安提丰和巴门尼德都是稍作推脱便服从众人的请求。戏剧人物芝诺道出了缘由——"我们都是自己人"(137a)。推脱和服从的举动强调,某些内容只适宜在特定的小团体内传授。

强调"圈子"并不是由于这些人故弄玄虚。对话人物巴门尼德说出了真正的理由:其实是众人对这些论题不感兴趣,他们不明白要接近真理,必须穿越逻各斯(136e)。因为如《王制》所示,众人满足模仿者的制作物——那些与真理相隔三层的东西,他们无意于追求真理,因此对逻各斯没有感兴趣。疯狂地热爱逻各斯,这种爱欲只存在极少数人身上,也包括苏格拉底。他属于这类人当中更特殊的一种,他们被称作辩证术家,辩证术家的灵魂有一种"神圣的疯狂"(149e)。

《巴门尼德》两个场景中出现的人物都在不同程度上沉迷逻各斯:克拉佐美奈人到雅典的唯一目的是打听哲人之间的交谈;安提丰与巴门尼德出于对逻各斯的兴趣最终承担下繁重的言说任务;即便对话中的沉默的参与者也热爱逻各斯,否则不会有如此强大的耐性旁听这场晦涩的对话。同时,这部对话呈现的是一种特殊的逻各斯,即辩证术。

通篇对话都是爱智者的逻各斯之旅,驱动这场冒险之旅的是参与者们的特殊爱欲:第一部分的两个场景均展现了不同的对话人物趋向逻各斯之旅程,框定出辩证术对于哲学探究的意义;第二部分的纯逻辑论证由巴门尼德带领众人"游过逻各斯的海洋",也就是辩证术的完整展示。苏格拉底后来在《智术师》中感念过巴门尼德当日传授此法。

辩证术对苏格拉底式哲学生活意义非凡,唯经历逻各斯之旅,理解辩证术与柏拉图哲学中的关系,才能理解《巴门尼德》。反之亦然,恰恰由于《巴门尼德》展现了青年苏格拉底如何与为何走向辩证术,要理解辩证术,也须穿越《巴门尼德》的论证海洋。

2. 宗教庆典中的哲学对话

对话的第二场景转入安提丰的言辞中,他凭记忆复述毕托多洛的话。场景切换至许多年前的一次*泛雅典娜大节*庆典,地点在毕托多洛家,主要参与者包括巴门尼德、芝诺、毕托多洛、苏格拉底和两位无名同伴、亚里士多德。

进入第二场景就离《巴门尼德》的核心对话不远了,核心对话大致分为两部分:第一部分是青年苏格拉底与埃利亚师徒二人就形相论与存在问题展开的论辩(127b—137c),第二部分是巴门尼德与年轻人亚里士多德合作展示辩证术(137c—结尾)。主要对话人物是传统哲学的"存在派"代表(巴门尼德和芝诺师徒)和一种未来新哲学的开创者(青年苏格拉底),以及日后三十人政治中的僭主亚里士多德。

毕托多洛先描述了埃利亚哲人的外貌,他把师徒俩说得很美好:巴门尼德年事已高,满头银发,洵美且善,看起来最多不过六十五岁,芝诺则身量颀长,风度翩翩,四十多岁。他提到,芝诺是巴门尼德的"宠儿"（παιδιϰὰ, b5）。伯纳德特指出,这是柏拉图的恶作剧,当时的雅典人看到παιδιϰὰ便能对两人的爱欲关系心领神会,因为柏拉图经常用这个词指称男同性恋中的少男一方。这个解释并不离奇,下文还会出现类似的暗示,苏格拉底听过芝诺的论文后立刻指出芝诺写作动机:欲求与巴门尼德合二为一（128a4—5）。

　　合二为一的爱欲关系需要通过《会饮》中阿里斯托芬的圆球人神话式的爱欲理解（《会饮》193a）。圆球人的爱欲是一种对曾经完满的自然状态的渴求,当圆球人双方找回彼此之后,只希望一动不动地拥抱从而达到完满。柏拉图借喜剧式的圆球人神话暗示人类最深刻的悲剧性限度。施特劳斯敏锐地看到圆球人神话的残酷隐喻:当圆球人被劈成两半后,宙斯让阿波罗拉紧切开的皮肤并且缝合,或许,皮肤只够其中一半,另一半因为缺乏足够的皮肤早已死去。这意味着,人类的欠然状态注定不可能由合二为一的爱欲达成圆满:

　　　　统一（unity）绝无可能恢复。爱欲比色欲丰富得多,它是对一（oneness）的渴望、整体和字面意义上的整合或曰永久整合的欲望,这是种无法实现的欲望。①

---

　　① 施特劳斯,《论〈柏拉图的会饮〉》,丘立波译,北京:华夏出版社,2012,页181—188。

圆满和永恒正是"巴门尼德残篇"关于真理的教义：女神教导青年，要"经验圆满真理不可动摇的核心"，也要体验"不含任何真理的凡人们的意见"（残篇一）。这句话表达了巴门尼德本人关于真理与意见的看法，表达了埃利亚式哲学爱欲的品质。第俄提玛教给青年苏格拉底的爱欲与这种爱欲不同，第俄提玛说"爱若斯"是美、好与不美、不好之间的半神，具有居间的品质。爱若斯是波若斯（丰盈）与珀尼阿（贫乏）之子，兼具父母的特性，总是处于完满与欠缺、智慧与不明智之间。

已圆满者与彻底不通事理者都不会搞哲学，搞哲学的人处于两种状态之间，这种居间性提供了哲学的可能性，同时也为哲学重新定位。第俄提玛教给青年苏格拉底另一种爱欲，它欲求的不是合二为一的永恒圆满，而是"好"，从《巴门尼德》中青年苏格拉底对"什么东西有形相"（130b—d）的回答可以看到，价值问题从一开始就与形相论相关。

泛雅典娜节是雅典人一年一度的城邦传统宗教节日，这个节日旨在庆祝城邦守护神雅典娜的生日，人们每四年举办一次大型庆典，被称作泛雅典娜大节庆典，盛大隆重的庆典活动包括游行、集会与竞技会等，哲人之间的对话就发生在大型庆典之际。异邦人巴门尼德和芝诺特地选择在这个传统节日访问雅典观礼，他们当时借住在毕托多洛家。

毕托多洛家位于克拉枚寇，那里是雅典娜大节游行的起点。这个地方比较特殊，它一部分在雅典城内，一部分在城外,毕托多洛家坐落在城外的部分。当时的情形是,哲人聚在城外的一座私宅谈论哲学,屋外城邦民的庆典活动持续数日热闹非凡。这场小型哲学聚会与泛雅典娜大节庆典持续的时间相当,后文巴门尼德提到,前天苏格拉底与亚里士多德之间也发生过一场交谈(135d1—2)。城邦传统宗教节日给哲人的聚谈提供了契机。

一场洁净精微的哲学聚谈发生在浓厚的政治和宗教氛围下,哲学与宗教同时出现在雅典城政治生活的场域,共同交织出《巴门尼德》的对话语境。在这里,哲学与城邦相若相离:尽管城邦习传宗教为哲学聚谈提供了时机与场所,整篇对话并未出现任何关于宗教庆典场面的描写,也没有任何对话人物评价这场庆典。这与《王制》的开篇非常不同,但二者有着明显的对应关系。在那里,苏格拉底们参加并评价了庆典活动,还表现出对火炬赛马特别感兴趣。

《巴门尼德》与《王制》在戏剧时间上相距数十年,前者发生在苏格拉底的少年时代,雅典娜节还颇具凝聚力,埃利亚人巴门尼德与芝诺也会为观摩庆典而来;后者发生在苏格拉底成年后,对话发生的背景是纪念异邦女神本狄丝的节日,雅典首次为这个节日举办大型庆典。①《巴门尼德》的时

---

① 柏拉图对话的戏剧时间多为虚构,学者会根据剧中出现的历史人物的真实生卒年代、提到的节日赛会等历史时间推断这个虚构的戏剧时间,但这最多只能作为大致参考。关于《巴门尼德》对话的发生时间有三种推测:公元前442、446或450年,大致说来,苏格拉底处于青春期。《王制》的发生时间据推测为公元前411年前后。

代雅典传统宗教鼎盛辉煌,《王制》的时代异邦宗教悄然兴起,在这数十年间,雅典政治生活发生了许多变化,在几十年的世事变幻中,习传宗教遭到冲击,民主政治日渐衰微。与此形成对照,未曾改变的是苏格拉底思考正义。

对话中出现的几位青年日后有着不同的命运。青年苏格拉底成为了哲人苏格拉底,安提丰和亚里士多德最终都没有成为哲人,而是直接投身政治生活。第一场景出现的安提丰成为掌握政治技艺的护卫者,第二场景中的亚里士多德参与了三十人僭政。三位青年日后的命运对应着柏拉图反复提到的一个主题:哲人、僭主和护卫者的爱欲存在亲缘关系。

亚里士多德是最年轻的参与者,也是对话中发言第二多的人物。从137c以后,其他人物都隐在一边旁听,唯有亚里士多德与巴门尼德对答。毕托多洛特地介绍说,亚里士多德后来成为了"三十人"之一。① "三十人"是一个特定的称谓,公元前404—403年,柏拉图24岁,当时雅典发生了史称三十人僭政的著名政治事件,它对柏拉图本人影响深远。柏拉图在《书简七》(324c以下)和《申辩》(32c)都回顾过这个事件,他说这次事件对苏格拉底之死和他本人的西西里之行都有影响。三十人中一些是他的血亲,如表舅(柏拉图母亲的堂兄弟)克里提阿,一些是他的朋友,这位亚里士多德就是其

---

① 这个僭主亚里士多德与柏拉图著名的弟子哲人亚里士多德同名,对话中明确指出他是三十人之一,也有人据此认为柏拉图暗中批评弟子亚里士多德。

中之一。

　　据说,亚里士多德是"三十人"中相对激进的一个,色诺芬在《希腊志》中提到过他的事迹(II. ii. 18 , II. iii. 13)。《巴门尼德》着意刻画亚里士多德哲学爱欲的特征,一方面他颇有哲学热情,愿意参与七人小圈子的漫长哲学谈话,另一方面,他与巴门尼德对答的过程也显示出他缺乏哲学天赋。正如许多研究者都指出,巴门尼德的八组辩证术演示得以顺利推进,很大程度上取决于亚里士多德的头脑既不敏捷也不强健。柏拉图选择他,而不是苏格拉底作为对答人,部分原因是他不能敏锐地捕捉巴门尼德的论证漏洞,即便他隐隐地有所察觉,也没能力应对巴门尼德的高超辩术,所以选择他来完成对答就不会影响到巴门尼德组织八组论证的严整结构。康福特的英译本看到了这一点,于是直接省略掉亚里士多德的回答,如此一来,亚里士多德这个角色也就被忽视掉了。

　　按照《王制》对潜在哲人天性的讨论,他们犹如猎犬,不仅要爱智慧,有血气,还要敏锐和强壮。这里的强壮不仅指身体的,尤其指精神强健,也就是有思辨能力(《王制》376c)。柏拉图不惜笔墨地展现,成为哲人是件异乎寻常的难事。青年苏格拉底表现出高超的理性能力,芝诺称赞他是"斯巴达猎犬",他能敏锐地捕捉芝诺论文的意图与逻辑漏洞,也能用一套形相论展开论证,还能理解巴门尼德向他揭示的深刻问题。同为年轻人的亚里士多德与苏格拉底的表现形成鲜明对照,这并非闲笔,它呈现了僭主与哲人的部分差异。

《斐德若》区分过灵魂九品,没有能力跟随众神上升的那些灵魂会跌落下来,转生为九种人,第一品是瞥见真理最多的人,他们转生为爱智者或爱美者,或某个缪斯与情爱的仆从,第九品是僭主(248a1—249d4)。哲人与僭主的灵魂品级看似有天渊之别,但如《王制》所示,哲人与僭主的灵魂实则具有兄弟般的类似,二者同样充满*爱欲*。差异在于,在哲人的灵魂中,理性和爱欲压制血气,在僭主的灵魂中,爱欲和血气压制理性。关键是灵魂需要节制,一旦失去节制,哲人与僭主的爱欲都有可能触发危机。

《书简七》是柏拉图对自己政治热情的剖析,他承认自己确实曾经满怀政治热情,因为政治生活充满各种乱象,显示出诸多不义,他寄希望于三十人把城邦从不义导向正义。这些人执政后,种种疯狂离奇的恐怖行动反衬得此前令人不满的政治状况简直是"黄金时代"。好在三十人暴政很快被民主派推翻,然而,接踵而来的是苏格拉底之死的至暗时刻,民主派对此难辞其咎。在三十人统治时期,苏格拉底正直坚毅,拒不妥协,是雅典"最善良、最智慧、最正直的人"(《斐多》118a)。亲身经历过城邦失序后,柏拉图做出如下判断:

> 现今所有城邦的统治都很糟糕——其法的状况近乎无可救药,若无某种有机运相助的神奇准备的话——而且我不得不说:要赞颂正确的哲学,借由正确的哲学,才能看清一切城邦的正义和个人的正义。人这一族将

无法摆脱各种恶,除非正确地和真诚地爱智慧的那族人
掌握了政治权力,或者城邦中当权的那族人出于某种神
意真正地爱智慧。(《书简七》326a—b)①

　　柏拉图直白地表达了对现实政治糟糕状况的极端失望。
他还看到,更可悲的事实是,这或许正是人类现实生活的长
期困境。至于如何破解这个困境,柏拉图给出了极其严苛的
条件——*正确的、真正的爱智慧的人与掌握政治权力的是同
一族人*,要满足这个苛刻的条件只能听凭*机运*。这个限定令
哲学与现实政治结合的可能性变得极其微妙……
　　哲学与政治无疑是柏拉图对话的大背景。柏拉图本人
既有叙拉古之行这样的政治行动,也有政治行动失败后的思
考与论述。因此即便《巴门尼德》这类纯哲学对话安排了现
实处境作为戏剧背景,比如对话正式开始之前,有意无意地
提到雅典现实政治人物的名字:毕利兰佩②、毕托多洛③、亚
里士多德。

---

　　①　本书凡涉及柏拉图书信的引文均出自彭磊译本,下文仅注明
编码。柏拉图,《柏拉图书简》,彭磊译注,北京:华夏出版社,2018。
　　②　克法洛斯向阿德曼托斯打听安提丰时提到了毕利兰佩的名
字,他是柏拉图的继父,是贵族家庭继承人,也是伯利克勒斯的朋友,在
公元前5世纪晚期积极地参与雅典政治。
　　③　毕托多洛是伊索罗库斯之子,是雅典在公元前427年派到西西
里的一个将领,后来在公元前425—424年雅典与西西里和解后,被雅
典人放逐,公元前421年尼西阿斯和约的签订者之一名叫毕托多洛,此
时也可能驱逐令已作废。

尼采非常重视柏拉图比苏格拉底更加政治性的一面,他在题为"前柏拉图哲学家"的未刊文稿中指出:

> 从某些流传下来的行动中,而不是从他的作品中,人们才能获得柏拉图本质特征的一个更准确的图景。我们不应该将他看作一个过着赋闲生活[亦即作家生活]的体系建造者,而应该将他看作一个煽动性的政治人,以变革整个世界为目的,并且成为一个以此为目的的作家——且不论其他目的。建立学园对他来说重要得多:他写作的目的是,使学园同伴们在战斗中变得更强大。①

尼采以权力意志审视柏拉图,他把哲学解读为"一种暴虐的欲望,精神上的权力意志,'创造世界'的意志,追求第一因的意志"(《善恶的彼岸》格言9),他的描述极端强调哲人的立法意志,故意忽略柏拉图强调审慎和节制、对政治生活的保留态度。尽管如此,尼采切中了要害:柏拉图绝非闲居的形而上学体系建造者,著书立说与教育青年是哲人的政治活动。必须留意这个形而上学体系背后的意图,于是,尼采提示我们注意:

---

① 转引自 Laurence Lampert, *What A Philosopher Is: Becoming Nietzsche*, The University of Chicago Press, 2017, p. 53; 英译本见 Nietzsche, *The Pre-Platonic Philosophers*, Trans. and ed. with an Introduction by Greg Whitlock, Urbana: University of Illinois Press, 2001。

在解释某个哲人的哪怕最怪异的形而上学论断是如何产生时,有效(和聪明)的做法是首先问自己:它想(或他想)以何种道德为目的?(格言6)①

尼采的视野将为我们面对《巴门尼德》的形而上学和逻辑迷宫提供指引。《巴门尼德》中出现了一套被称作青年苏格拉底"形相论"的存在论,这套学说很快被巴门尼德推翻,这令这部对话成为理解柏拉图存在论学说发展和苏格拉底式哲学发展的焦点。

一种传统解读思路认为,德高望重的巴门尼德道出了最深刻的存在问题,柏拉图假托他的名义完成形相论自我批判,《巴门尼德》的意图就在于完成柏拉图存在论的发展过程。反对者则认为,这里的存在论不应该从具体理论建构细节去理解,相反,它涉及到柏拉图对人类存在问题,尤其是存在论与哲学的整体反思,这篇对话的首要目的是揭示各派自然哲学的存在论困境。② 艾伦(R. E. Allen)的1983年新英译本影响很广,艾伦在讲解部分尝试把具体逻辑问题"分有两难性"③

---

① 本书凡引用《善恶的彼岸》均出自魏育青译本,引用时仅标注格言序号。尼采,《善恶的彼岸》,魏育青译,上海:华东师范大学出版社,2016年。

② F. M. Cornford, *Plato and Parmenides*: *Parmenides' Way of Truth and Plato's Parmenides*, translated with an Introduction and a running Commentry, London, 1939. Reprinted by Routledge & Kegan Paul, 1980, pp. 86—87,101. 米勒,《灵魂的转向》,前揭,页31—46。

③ "分有的两难性"是用分有关系解释形相与事物时所遇的困难,出现在《巴门尼德》131a—c。

置于更大的背景下理解,指出巴门尼德对形相论的质疑"被当作困境(aporia)而提出的,而这些困境正是哲学探究必面对和思考的基本问题"。① 越来越多的学者强调,应该由苏格拉底的哲学人生入手理解形相论的具体建构,尤其必须理解"苏格拉底的转向"与形相论的关系,《巴门尼德》展现了在苏格拉底哲学生涯之初的原初关切——相比前苏格拉底哲学,他尤其关注人之处境和活动。②

如今学者们的共识是,唯有理解苏格拉底式哲学探究"更隐秘的原因",才能理解《巴门尼德》诸多令人费解的谜题。由此切入对话会发现对话前后看似分离的两部分之间实际上是融通的:第一部分出现了城邦政治生活的各种场景与沉浮其间的种种灵魂类型,而第二部分的辩证术展示则大量充斥着自然哲学的经典论题,如运动与静止、几何与数、一与多等。因为,青年苏格拉底的原初哲学冲动朝向对原因的探究,不仅如此,这种探究为一种人类生活方式的探问提供了基础,换言之,在苏格拉底这里,关于自然的事实与价值问题合一。同时,《巴门尼德》的序曲提醒我们,自然哲学与形而上学的确是爱智活动的重要关切,但也需要注意,这种活动直接关乎城邦中各种灵魂的教育。

---

① R. E. Allen, *Plato's Parmenides ; Translated with Comment*, Yale University Press & New Haven and London,1997, p. 108.

② Sayre, *Parmenides' Lesson*, p. 66.

二　青年苏格拉底的哲学困境

尽管柏拉图为纯哲学对话《巴门尼德》铺排了丰富的戏剧场景,这些文学性的细节对于理解核心论题来说仍是辅助性的。正如副标题所示,《巴门尼德》讨论"逻各斯"和"形相",理解这篇对话的关键问题是,柏拉图在何种意义上探讨逻辑与形而上学。

施特劳斯的后学扎克特(Catherine H. Zuckert)提供过一种哲学缺席的"戏剧解读"。她在 1998 年发表了一篇题为《柏拉图的〈巴门尼德〉:一种戏剧解读》的论文①,支撑这篇论文的是作者关于施特劳斯所说的"柏拉图式政治哲学"的理解。施特劳斯对"理念论"做出了不同于过去主流研究的新解释,这种新解释并不容易理解。施特劳斯解读过不少柏

---

① Catherin H. Zuckert, *Plato's Parmenides*: *A Dramatic Reading*, in *The Review of Metaphysics*, Vol. 51, No. 4, pp. 875—906.

拉图对话,但从未通释过《巴门尼德》,只是在解读《会饮》的专著中顺带给出些许提示:第俄提玛给爱若斯赋予了半神的身位,使之成为不朽神明与必死凡人之间的沟通者,正是这个"居间者"解决了《巴门尼德》的根本困难。所谓"根本困难"指的是主流研究大量讨论过的"分有说困境",施特劳斯认为,爱若斯作为人类灵魂的本质,作为某种*居间者*,沟通了两个世界——永恒的形相世界与流变的生成世界,由此,柏拉图将一种*灵魂学*与*存在论*并立,从而绕过青年苏格拉底遇到的困境。①

《巴门尼德》呈现了青年苏格拉底遭遇的困蒙状态,扎克特的《巴门尼德》解读选择直接绕过这个困境,放弃理解这篇对话的核心议题——柏拉图关于存在论与辩证术的讨论。她的解读思路分三步:第一,青年苏格拉底推翻前苏格拉底巴门尼德本人的"一"本原说,巴门尼德推翻"形相"本原说,这证明柏拉图否定存在论;第二,第二部分的辩证术展示仅仅是"智术"和"玩笑",这证明柏拉图否定逻各斯;最终结论是,柏拉图写作《巴门尼德》意图的最终"主要是否定(primarily negative)",否定存在论与逻各斯对于哲学探究的意义。

如此一来,柏拉图对话关于"存在"的大量讨论被一笔

---

① 施特劳斯,《论柏拉图的〈会饮〉》,邱立波译,北京:华夏出版社,2006,页267。

勾销。在论文的第 79 条注释中,她批判了同门前辈伯纳德特对"苏格拉底转向"阶段的划分,这个批判透露了她对苏格拉底问题的理解。伯纳德特认为,《斐多》的回忆"发现形相并转向逻各斯"、《巴门尼德》证明"形相论困境"、《会饮》中第俄提玛的爱若斯教诲。① 扎克特批评说伯纳德特"遗漏"了《申辩》,在她看来,《申辩》意味着苏格拉底式探究的"政治层面"或"政治努力"。扎克特提出,苏格拉底转向后的"新哲学"的根本问题是"什么是好?",唯一值得思考的哲学问题是"什么是美好生活?",然而,她对柏拉图哲学的理解实际上取消掉了"什么是?","什么是美好生活?"若失去"什么是?",如此一来,柏拉图哲学就不再是探究式的,而是教条化的。

"什么是?"首先是存在论问题,这个问句凝聚着柏拉图对一与多的存在之争的反思,其背景是柏拉图关于前苏格拉底哲学的系列讨论,《巴门尼德》正是柏拉图处理这一问题的系列对话之一。《巴门尼德》涉及到埃利亚派和阿那克萨戈拉学派,他们如今在哲学史叙事中涵盖在统一的术语"前苏格拉底哲人"(Presocratic philosophers) 或"前苏格拉底"(Presocratics) 之下。

洛布古典丛书中《早期希腊哲学》的作者拉克斯(André Laks) 提醒人们注意这个术语是历史意识下的"现代创造"。

---

① 　柏拉图等,《柏拉图的〈会饮〉》,前揭,页 241—262。

尽管术语"前苏格拉底哲学"(vorsokratische Philosophie)最早出现于 1788 年艾伯哈德(J. A. Eberhard)编写的哲学史,它标识的苏格拉底与其他希腊哲人之间的明显差异实则是个古老而恒久的论题。① 拉克斯指出,自古就有两种路向讨论苏格拉底与其他前辈或一些同时代哲人的区分,他称一种为"色诺芬-西塞罗路向",另一种为"柏拉图-亚里士多德传统"。双方分别强调苏格拉底的一个面相:前者认为,苏格拉底的探究对象由自然转向人,他主要关心人类生活;后者则认为,苏格拉底转向的关键是从直观自然转入一种借助抽象概念从事探究活动的哲学。西塞罗更关注苏格拉底对属人事物的兴趣,于是,苏格拉底关心人的灵魂,表现为道德哲学家面相。西塞罗把这种传统上溯至"七贤",认为哲人的原初含义正是具有人世实践智慧的贤者,毕达哥拉斯把哲学带到了天上,苏格拉底重新把哲学带回大地指向人类事物。

扎克特的解读与其说追随施特劳斯,不如说追随了这派理解。亚里士多德强调苏格拉底与前辈哲人在探究终极因上的根本共同旨趣,苏格拉底哲学是前苏格拉底自然学的一种延续,他仍然热衷探究存在和宇宙的秩序。于是,苏格拉底呈现为双重面相,这两种面相看起来截然相反,实则在"哲学即美好生活"这个苏格拉底式表达中合二为一。

----

① André Laks, *The Concept of Presocratic Philosophy*, Translated by Glenn W. Most, Princeton University Press, 2018.

众所周知,要考察苏格拉底的面貌,最重要的文献当属弟子色诺芬与柏拉图的对话录。此外,苏格拉底同时代的喜剧诗人阿里斯托芬也绘制了一个城邦视角下的苏格拉底形象——危险的颠覆者。三人描绘的苏格拉底形象构成了苏格拉底问题的整体视域,苏格拉底的两位弟子试图在城邦面前替他辩护,但呈现出的两个苏格拉底形象看起来反差很大。

色诺芬尽量把苏格拉底呈现为一个普通的善人,《回忆苏格拉底》明显地避讳苏格拉底与前苏格拉底自然哲学的牵连,他说苏格拉底劝人不必探究神明如何操纵每个天体,因为这种探究冒犯神明,会让人丧失心智。色诺芬笔下的苏格拉底显得有些排斥自然学,更加专注德性。柏拉图式苏格拉底兼具双重面相,更加复杂难辨。① 拉克斯把亚里士多德和柏拉图归在一起,采用亚里士多德哲学视角理解柏拉图式的苏格拉底。然而,鉴于柏拉图式苏格拉底与亚里士多德哲学及其传统之间的关系更加复杂,有必要先回到柏拉图本人关于"苏格拉底转向"的具体呈现。

柏拉图没有选择把苏格拉底伪装成一个俗人,而是直面哲学本身。《斐多》呈现的转向之际的苏格拉底兼具双重面相:在苏格拉底证明灵魂不朽的背景下,他坦承年轻时曾热

---

① 施特劳斯,"苏格拉底问题五讲",林晖等译,见《古典政治理性主义的重生》,郭振华等译,北京:华夏出版社,2017,页 161—252。

衷于"探究自然"（96a），通过自然哲学探究原因的尝试屡遭碰壁，由此开始著名的"第二次启航"——放弃直接通过感官经验研究事物，转向逻各斯。同时，他关心以善为目的的宇宙论，由于阿那克萨戈拉的学说最终是一种机械论的宇宙论，苏格拉底放弃了这种颇具吸引力的学说（99d—e）。

在被称为"埃利亚三联剧"的《泰阿泰德》、《智术师》和《治邦者》中，柏拉图彻底讨论了前苏格拉底哲学关于存在的战争，这场战争正是《巴门尼德》的背景，这三部对话不断提及《巴门尼德》，指向青年苏格拉底哲学生涯之初。因此，解读《巴门尼德》首先必须理解柏拉图对前苏格拉底哲学的存在之战的讨论，《巴门尼德》标识出苏格拉底哲学生涯的起点，这部起始性对话指向了苏格拉底问题之核心，苏格拉底的双重面相展露在他哲学生涯的开端，在这里我们会看到青年苏格拉底试图连接好与理性的最初努力。

扎克特的《巴门尼德》解读直接放弃占据对话四分之三篇幅的第二部分逻辑问答，部分地放弃第一部分与几种存在论直接相关的论证细节，仓促地断言对话意图是"否定"，从而抛弃哲学迫不及待地走向政治。对于哲学而言，这种论断既无说服力也无意义。

柏拉图本人在多篇对话中用辩证与论辩的方式展现了他对存在问题的理解，即便柏拉图的确否定地呈现逻各斯之于存在之间的限度，并据此赋予一种新哲学转向以正当性，我们也必须尝试理解柏拉图回转的理由，因为，存在之思是柏拉图对整全秩序思考的重要部分。《巴门尼德》的苏格拉底哲学生涯才刚刚开始,①篇名表明了埃利亚哲学对这个开端的影响,埃利亚三联剧中的苏格拉底即将完成哲学人生,这三部对话发生在苏格拉底应诉之余的闲暇(《泰阿泰德》210d)。埃利亚哲学在苏格拉底哲学生涯中首尾呼应,埃利亚的巴门尼德是西方思想史上第一个严肃思考存在的哲人,这个情节照应意味着"存在之思"位于苏格拉底哲学生涯的始终。

通常人们按照《巴门尼德》的结构和主题将对话划分为两个部分(即 126a—137c 和 137c—166c),它们大致对应着忒拉绪洛斯拟定的两个副标题——"**论形相**"和"**逻各斯的**"。从外在形式看,两个部分反差强烈:第一部分类似于一般的柏拉图对话,包含人物、场景、情节与论证;第二部分的篇幅是第一部分的三倍,却只是二人之间的简短对答,这些对答构成八组结构对称的正反论证。

扎克特的"戏剧解读"只对第一部分的开场有效,这与主流研究的侧重点恰好相反。主流研究延续古已有之的存在论(包括神学变体)和逻辑学两派,②只关注纯哲学论题,

---

① R. E. Allen, *Plato' Parmenides: Translated with Comment*, Yale University Press & New Haven and London, 1997, p. 87.

② Glenn R. Morrow and John M. Dillon, *Proclus's Commentary on Plato's Parmenides*, Princeton University Press, 1987, pp. 29—38. Kevin Corrigan, *The Place of the Parmenides in Plato's Thought and in the Subsequent Tradition* (John D. Turner, Kevin Corrigan ed., *Plato's Parmenides and Its Heritage*, Volume I: History and Interpretation from the Old Academy to Later Platonism and Gnosticism, 2010, p. 34).

大体说来,要么认为《巴门尼德》是柏拉图存在论的某个发展环节,要么认为它是柏拉图学园的逻辑训练。主流解读也只能在其关注的领域内形成局部理解,由此长期以来人为制造出一个《巴门尼德》之谜——两个部分究竟如何关联。最极端的猜测甚至认为,柏拉图用两部不相干的手稿拼凑出这部对话。

事实上,由"苏格拉底转向"对观《巴门尼德》会发现对话前后两部分是内在连贯的整体。对话的大背景是阿那克萨戈拉派的爱智者们来到雅典打听青年苏格拉底如何受教于埃利亚哲学。按照《斐多》中的说法,由"努斯"到"形相"正是第二次启航的关键步骤,而"形相"的出现又和"存在派"与"流变派"之战密不可分。在《巴门尼德》中,发生在青年苏格拉底与埃利亚哲人之间的这场对话也有着清晰的走向:青年苏格拉底看到芝诺论文的根本意图在于通过反驳多元论来维护一元论立场,于是,他借助形相力图证明,芝诺维护的一元论同样站不住脚,然而,巴门尼德又用几轮经典的哲学辩驳揭示形相论在存在论和认识论上的困境,并提出一个根本性的哲学问题:

> 关于哲学你会做些什么? 倘若这些不可认识,你将转向何处呢? (135c5)

巴门尼德结束辩驳时断言:"形相必会有这些困难"

（134e），他更进一步预言说，形相是否存在、如何存在、能否认识等问题将会持续引发争议（135a）。这意味着，尽管《巴门尼德》的副标题是**论形相**，却无意在这里给出"形相论"，甚至也无意于在任何对话中给出完备的形相论。但他同时又说，倘若因为这些争议而"不承认每个存在者永远有同一**理念**①，他将会彻底毁掉交谈（即辩证）能力。"

亚里士多德在《形而上学》卷 A（987a30—b14）和 M 卷（1078b12—17、31—32）讨论过形相论，他尤其强调赫拉克利特、克拉底鲁的"流变说"对柏拉图"形相论"的影响。亚里士多德揭示了柏拉图面对的原初问题，并且断言，形相在某种意义上是一种"诗"，言下之意，柏拉图未把形相作为关于存在的真理学说来建构其细节。亚里士多德指出，柏拉图因为可感知事物的流变特征才转向形相。寻找纷繁变化的可感知事物背后的原因是前苏格拉底哲人族的共同旨趣。

尼采对前苏格拉底哲学下过很大的功夫，他"怀着崇高的敬意把赫拉克利特的名字拿到一边"，他的做法与柏拉图笔下的苏格拉底心怀敬意地"把巴门尼德的名字拿到一边"（《泰阿泰德》152e）形成鲜明对照。尼采批评古希腊哲人族错误地指责感觉说谎，其中尤以柏拉图错误严重。因为柏拉图设置"纯粹精神把握善之形相"来对抗生成与流变，这样

---

①　"理念"在《巴门尼德》中出现在 132a2、133c8，134c1，替代形相和类。有学者认为柏拉图使用这个词与"形相"有细微别，前者更侧重于本质、特征，而非"类"。对参《王制》507c、596b。

一来也就开启了否定此世生活和生命本能的传统,在这个意义上,尼采指责柏拉图必须为"民众的柏拉图主义",即基督教传统负责。在尼采看来,关于生成之至上性的学说才是真实却致命的"真理"。

亚里士多德和尼采都看到了"形相论"的要害——两个世界的根本区分。这个区分的始作俑者其实不是柏拉图,前苏格拉底哲人族质疑感觉和现象,柏拉图只是接过这个问题并应对它的人。无论从戏剧时间,还是从写作时间看,两个世界的基本划分从《巴门尼德》到《王制》和《斐多》,再到《斐勒布》都没有改变。毫无疑问,柏拉图本人深晓两个世界之间存在难以弥合的裂隙,因为这正是《巴门尼德》用"分有两难性"在苏格拉底哲学生涯之初就揭示的绝境。在柏拉图戏剧中,苏格拉底早在青年时代已经懂得,永恒的形相与生成的分有者难以通过论证真正勾连起来,但他仍坚持在哲学生涯中用形相论证,直至生命尽头。

因此,理解形相论的关键就不是琢磨理论建构细节,而是把握整体哲学意图,这个意图生长的土壤当然主要是前苏格拉底哲学及其引发的智术师运动。

《泰阿泰德》的苏格拉底引导泰阿泰德盘查"感觉即知识"的定义,他由普罗塔戈拉著名的相对主义宣言一路探源至其哲学源头——赫拉克利特的流变哲学(152a 以下)。苏格拉底引导泰阿泰德认识到,倘若感觉即知识,倘若万物之尺度是人而不是万物自身,人之感觉的千差万别必将导致万物不与自身同一（152d），严重后果是确定的知识不再可能。

在这个问题背景下，苏格拉底给哲学前辈划分了阵营——巴门尼德与"其他所有人"，除巴门尼德之外，他人都站在流变一边。苏格拉底看到，流变派凭靠的依据深植于人类的感觉经验之中，与之抗衡是一件艰险的任务，很容易就"沦为笑谈"（153a），因为大众惯于跟着自己的感觉各行其是。倘若如此，寻找一个超越性的标准就不再可能。

这呼应了《巴门尼德》关于芝诺论文写作意图的引入：芝诺要替巴门尼德辩护，对抗嘲笑"一切是一"的人们，巴门尼德师徒用永恒之存在与流变派抗衡（128c—d）。柏拉图受到启发，却未止步于此：他看到遁入逻各斯中的永恒存在仍不能解决人类的基本困惑。芝诺的写作策略不是从正面维护巴门尼德，论证"一切是一"成立，他没有去证明持守"一"不可笑——事实上，面对人的感觉经验，他根本不可能证明这一点，他只能转而攻击持守"多"同样可笑。

这个情节意味深长：无论持守一或多，存在或流变，不仅同样可能招致来自城邦的"色雷斯女仆的笑"（《智术师》174a），也都同样无法避免来自对立哲学言说的笑。《巴门尼德》第二部分的八组论证再次印证这一点：一个命题及其对立命题的正反面可由逻各斯同时证成与证伪。柏拉图清醒地认识到理性论证在这个永恒困惑面前的限度，但这决不意味着他倒向感觉经验。

《克拉底鲁》专门处理赫拉克利特的流变学说引发的命

名问题。苏格拉底使用各种复杂的言辞技艺向克拉底鲁揭示，流变学说终将取消一切言说和认识的可能性(440a)。必须注意，在对话的最后，苏格拉底并未试图在存在论层面说服克拉底鲁改弦更张，后者仍坚持"流变"是智性直观揭示的终极真理。经历过艰深晦涩的词源学、宇宙论、存在论和神话等漫长讨论后，苏格拉底最后说出，**形相之必要性乃是出于秩序和美好生活的要求**。

至于终极意义上的"存在"究竟是什么，苏格拉底竟表现出模棱两可的态度，似乎这个问题并不重要：

> 克拉底鲁噢，兴许事实确实如此，兴许亦非如此。(440d)①

柏拉图承认，这是一种人类理智必然面对的永恒困惑。他甚至还承认，就这个问题层面而言，设立形相不仅不能帮人减轻困惑，反而令人"处于更深的困惑"(《智术师》250e)。然而，《智术师》依然强调，哲人要借助辩证术思考形相，尤其要思考"最大的形相"——存在、静止与运动、同与异。因为，这些形相之间要么彼此错综复杂地交织在一起，要么决然分立不可结合，正是在它们的关系中，逻各斯向我们生成

---

① 本书凡涉及《克拉底鲁》引文均出自刘振译本，未刊稿，下文仅注明编码。

(《智术师》259e)：

> ……逻各斯对我们而言是诸种存在者之一。因为如果被剥夺了这个,最大的[后果就是],我们也被剥夺了哲学。(260a)①

无逻各斯,即无哲学。正是在这个意义上,施特劳斯称柏拉图是"最初在逻各斯中'寻求庇护'的人",柏拉图借助关于事物的逻各斯绕开纷乱的事物,从而发现唯一一条"进入事物真正原因"的"向人敞开的通道",这正是"苏格拉底转向"的发现。当人们谈论"德性"的时候,作为标准的德性本身(德性的形相)不会出现在人们的行动中,只会出现在逻各斯中,向人揭示标准的是逻各斯中的形相,不是充满含混的人类行为,因此,只有凭借逻各斯,凭借形相,人类才能认识德性的超越性。②

忒拉绪洛斯编辑整理对话集时似乎体贴到柏拉图的用心,他把《巴门尼德》和《斐勒布》、《会饮》和《斐德若》编排在同一组四联剧(参见《名哲言行录》,Ⅲ 49—51):辩证术作为一种特殊的逻各斯,出现在这四部对话的要隘,其中尤以《巴门尼德》做出了具体细致的展开。若想理解辩证术问

---

① 本书凡涉及《智术师》引文均出自柯常咏译本,未刊稿,下文仅注明编码。

② 施特劳斯,《霍布斯的政治哲学》,页170—174。

题,首先理解柏拉图关于逻各斯的一般讨论,柏拉图关于逻各斯的讨论又集中在对智术师派的逻各斯学说的纠弹,也就是关于修辞术的讨论。因此,要想考察《巴门尼德》和柏拉图式辩证术的关系,需要了解柏拉图如何借形相完成修辞术到辩证术的改造。

一般认为,柏拉图是西方修辞术传统中的重大转折点。柏拉图之前的修辞术主要是一种说服术,针对城邦政治和教育中发挥作用。按照通行的观点,西方修辞术的诞生可以溯源至公元前 5 世纪的寇拉克斯(Corax)和提撒斯(Tisas)师徒,据传,他们写下最早论修辞术的小册子,并且流传到雅典。①

正如海德格尔指出,这种著述尚不能算作真正的修辞理论,这种修辞术借助言谈把听者引向某种信念,力求让听者最终信服这一信念。这种修辞术的对象是大众,目的是博取大众认可,因此它依循公共意见,无关乎"把握被言说的实情"。② 意见与真理之分标识出这种修辞术与柏拉图新修辞术的决然对立:柏拉图一方面在《高尔吉亚》等智术师对话反驳只注重说服技巧的旧修辞术,另一方面则在《斐德若》中通过某种特殊方式给修辞术注入决定性的新内容,赋予新

① Robin Reames, Edward Schiappa, *Logos without Rhetoric: The Arts of Language before Plato*, The University of South Carolina Press, 2017, p. 1.
② 海德格尔,《柏拉图的〈智者〉》,溥林译,北京:商务印书馆,2015,页179,页245—278。

含义。

《斐德若》由人皆有之的自然爱欲上升至对灵魂之形相的讨论,再上升至对逻各斯的探讨。对话后半部分谈到一种修辞术与辩证术的对比关系,假托古老传说对比了"说出的逻各斯"与"写出的逻各斯"。《斐德若》的这段文字(274b以下)和《书简七》关于逻各斯和文字的讨论(341b以下)均透露出对一种对逻各斯的怀疑态度。柏拉图在《书简七》激进地断言:

> 每个严肃的男人根本不会就那些真正严肃的问题写作,以免它们流落到人群中,激起妒意和疑惑。……这些著作之于作者并不是最严肃的东西,若作者本人的确严肃,他的[最严肃的东西]坐落于最美之域的某处。(344c)

柏拉图在《斐德若》表达了同样的意思,心怀严肃目的之人基于两个理由不选择笔墨书写:写出的逻各斯既没能力自我保护,又没能力充分传授真实(276e—277a)。这表达了书写之于真理的限度:书写容易遭受解释困境,更何况,言不尽意。不过,绝大多数严肃之人依然会写作,柏拉图解释说,这种写作只不过出于两个并不充分严肃的理由:"保护记忆"和"在逻各斯中玩"。

文字与口语上的严肃与游戏之分,更深层地指向哲学,也就是柏拉图哲学中的一对关键对立者——原型与影像。柏拉图指出,旧修辞术的根本缺陷是只处理"看似真实"者,从不涉及"真"。因为,旧式修辞术着眼于法庭辩论和公共言说之类的公共事务,这决定了人们被"看似如此"吸引,无人关心"事情的发生本身"(272d 以下)。苏格拉底认为必须用"真"改造逻各斯,因为"真"直接关乎大众生活,人的生活不能稀里糊涂地面对"正确与不正确、坏与好"的价值判断。旧式修辞术不经过"真"的考验,就只能赢取乌合之众的盲目追捧(277e)。

更重要的是,即便修辞术意在欺骗乌合之众,智术师也必须首先具有辨识好坏和洞见真实的能力(260c—d、261a),唯有知道真的,才能用假的骗人。如此一来,苏格拉底眼中的逻各斯之整体就呈现为双重维度:公开说服与私下谈话(261a),由此,关于逻各斯的讨论进入修辞技巧之下的哲学维度,苏格拉底提出,唯有穿越意见步入真实,修辞术才称得上真正有技艺:

> 那个并不知道真实而是[仅仅]追猎意见的人将会表明,他的言谈技艺是某种可笑的技艺,而且看起来啊,其实就是没技艺。(《斐德若》262c)①

① 本书凡涉及《斐德若》引文均出自刘小枫译本,下文仅注明编码。刘小枫编译,《柏拉图四书》,北京:生活·读书·新知三联书店,2015。

苏格拉底在此完成对旧式修辞术的改造,真正的修辞术是辩证术。苏格拉底用两个形相——**区分**(265d)和**结合**(265e)——给辩证术下了一个定义,使人能掌握这种力量的技艺即辩证术(266 b—c),兼具这种爱欲和能力之人即**辩证术家**。苏格拉底自称是其中一员:

> 我自己嘛,当然对这些有爱欲——对区分和结合有爱欲,由此我才会有能力说话和思考。而且,一旦我认定某个人有能力看到一和[从一]生长为多的[东西],我就要追随"他的足迹,仿佛他是个神"。当然略,对有能力看到这个的那些人,直到这会儿我都叫[他们]辩证术家。(《斐德若》266b)

真正的修辞术是辩证术,也就是区分与结合的辩证推理,这是一种哲学式爱欲的言说方式,从属于苏格拉底式的爱智生活。因此,《斐德若》讨论真正修辞术的关键段落是大段关于形相、区分与结合、一与多等所谓的柏拉图"存在论学说"的论题。柏拉图建立起存在论与辩证术的密切关联,借助逻各斯进行辩证思考的能力是思与言之前提,也就是搞哲学的前提。

辩证术技艺(*ή διαλεκτική τέχνη*)一词来自 *διαλεγω* 或 *διαλεγεσθαι*,也就是交谈和对话。在《巴门尼德》中,当青年苏格拉底的形相论被巴门尼德逼入困境之后,巴门尼德重新肯定形相的必要性,因为若无形相(理念),将会彻底毁掉交谈能力。这意味着,形相从属于辩证术。《斐德若》向我们揭示了柏拉图对僵化教条的警惕:辩证术合乎处于对话过程中的思想运动,相较之下,书写是僵死的。①

海德格尔认为,对话正是一种穿过逻各斯,抵达某种关于是者本身的特殊逻各斯。柏拉图借助"对话"和"辩证术"探讨哲学,并非纯粹出于亲近文艺,想优美地表达哲学,而是出于"一种哲学活动自身的内在困境"。② 不过,问题在于,柏拉图是否如海德格尔所说,认为可以通过逻各斯抵达是者本身。抑或,辩证术原本意味着一种对存在论的拒绝,强调的正是人类理性相对于真理的限度。

然而,经过西方思想史层层转述的漫长历程,辩证术成为人类理性掌握真理的工具。按照柏拉图在《王制》中的表述,护卫者在德性教育与自然哲学之后,接受最高的知识辩证术的教育,由此才可以将灵魂扭转向上,有可能"走向存在本身和真理"(《王制》537d5),而非获得真理。

在青年苏格拉底的"形相论独白"中,"形相"的首次出现伴随着两个特殊表述——"本身所是"(αὐτὸ καθ'αὑτὸ)和"相信"(νομίζω):

---

① K. M. Sayre, *Plato's Literary Garden: How to read a Platonic dialogue*, University of Notre Dame Press, 1995, pp. 1—32.

② 海德格尔,《柏拉图的〈智者〉》,页163。

你不相信存在着，相似者的某个形相，其本身所
是……？（129a）

在柏拉图之前，形相不是专门的哲学术语，而是希腊人
日常生活经验语词。按照赫尔曼（Fritz-Gregor Herrmann）的
梳理，这个词最初在荷马、赫西俄德的诗中表示人或动物的
可见外观，相对于内在品质。① 这个用法一直延续至阿提卡
悲剧的埃斯库罗斯和索福克勒斯那里。

在古希腊史家笔下，这个词的意义引申至行动。希罗多
德在《历史》中用它的复数形式描述了一件事发生、发展和
完成的方式。希罗多德还用这个词描述具有共同外观的东
西全体，它开始具有"类"的含义，但尚未明确指称"类"，他
主要用 τὰ γένη 表示"类"。修昔底德的用法类似，这个词在他
的作品中出现过六次，描述一件事或一个行动的情态，而非
一个物体。他还用这个词描述过政府的类型。

在柏拉图之前的自然哲学中，如希波克拉底文集里，这
个词开始用来描述自然现象的状态，开始具有较高的抽象意
味，表示类特征，恩培多克勒也有类似的用法。按照克莱因
的说法，柏拉图的形相很可能直接来自于毕达哥拉斯学派关

①　见《伊利亚特》3.212、《奥德赛》8.164；《神谱》259、《劳作与时
日》714 等；《历史》1.94、3.113、4.158 等。关于"形相"在柏拉图之前
的古典作品的用法和演变过程，参见 Fritz-Gregor Herrmann, *Words and I-
deas：The Roots of Plato's Philosophy*, The Classical Press of Wales, 2007,
pp. 95—138。

于数的分类,这种分类试图解决数之统一性问题,即依照某种共同特征把数分类,每个类就是一个形相。① 柏拉图几乎在上述所有含义上使用过这个词,他时常谈及形相,却从未用术语"形相论","形相论"(理念论)的提法出自亚里士多德。②

《斐多》的灵魂不朽证明出现过类似的表述(75d)。尽管《斐多》和《王制》一般被分期为柏拉图的中期对话,这种分期本质上并不影响借助这两部对话理解形相论与辩证术的关系。正如**多特**(Kenneth Dorter)强调,就把握《巴门尼德》、《王制》、《斐多》的所谓中期形相论而言,关键并不是那些表面上相悖的具体细节,这些对话在最关键的问题上完全一致,即形相从属于善。③ 临终前的苏格拉底谈及形相时的措辞仍是"盖上这个'本身所是'封印的所有东西"(《斐多》75d)。

无论《巴门尼德》的青年苏格拉底,还是《斐多》临终前的苏格拉底,都未曾给出一套关于形相的完美理论建构,关于这些问题,亚里士多德所言不谬,柏拉图确实"留给大家去捉摸"(《形而上学》987b11—14)。形相论是否得以完善地

---

① 克莱因,《希腊数学和哲学中的数的概念》,见《雅各布·克莱因思想史文集》,张卜天译,湖南:湖南科学技术出版社,2015,页43。

② 亚里士多德,《形而上学》,吴寿彭译,北京:商务印书馆,1997,页266—267。

③ Kenneth Dorter, *Form and Good in Plato's Eleatic Dialogues*, California, 1994, p. 65.

建构并不影响形相在柏拉图哲学中的重要地位,理解形相之意义事关理解柏拉图哲学的根基。《巴门尼德》的 αὐτὸ καϑ'αὐτὸ[本身所是]强调形相是一个自己指向自己、自己针对自己的东西,实际上正是这一点导致巴门尼德的质询成立,质询指向的形相论的要害:它如何得以既永恒独立,又与生成世界和人类认识活动发生关联。

《巴门尼德》中与形相共同出现的另一个特殊表述是"相信"。柏拉图用了 νομίζω(128e)和 ἡγέομαι(135e),前者出现在青年苏格拉底形相论独白的开头,后者出现在巴门尼德最终重新部分肯定形相的位置:

> 我佩服你对他说的,那就是,你不允许停留在可见物中,或针对它们进行观察,而是针对一个人尤其得凭逻各斯把握、且相信它们是诸形相的那些。(135e)

这两个希腊语词都可以表示信奉神明,出现在此处并非偶然。在《王制》卷六,苏格拉底借助太阳神引入分线喻和形相时问到,哪位神明是我们能够去看、事物能够被看之原因(508a)。正是由于神话传统让格劳孔和阿德曼托斯们熟知阿波罗等希腊诸神的存在状态——不可见的自足存在者和善之原因,他们才能毫不困难地接受苏格拉底提出的形相:永恒自足、无形、无法用人类感官把握。《斐德若》也出现类似的情况,众神所居的"天宇上的地方"即"属于拥有关

于真实的知识那一族"的地方,"**那儿存在着实实在在的东**
西,无色、无形,也摸不着,唯有灵魂的舵手即心智才看得见"
(247c)。①

苏格拉底没有向格劳孔们严肃地证明形相真实存在,它
是一种被相信如众神般自在之物。相反,巴门尼德在与苏格
拉底的辩难过程中,通过论证技巧揭示形相论的根本困难:
什么有形相(130b—d)?如何"分有"形相(130d—133a)?
人能否认识形相(133b—135b)?苏格拉底用"本身所是"区
分形相及其分有者,将理念世界与可感世界分开,赋予形相
超越性,同时,他也开启了巴门尼德们对其展开辩难的可
能性。

青年苏格拉底的形相与善密切相关,巴门尼德看到了这
一点,他的第一个提问是,什么东西有形相。苏格拉底的答
案体现出强烈的价值趋向:正义、美、好必有形相(130b),毫
末、尘泥、恶浊,或至轻至贱者绝无形相(130c—d),自然物则
难以确定(130c)。这呼应了苏格拉底思考的原初意图,也就
是《斐多》中临终前的苏格拉底对哲学生涯之初的回顾。根
据《斐多》中关于苏格拉底转向的自述(96a—100a),苏格拉
底与旧哲学同样"探究自然",即"观看存在者的真理",探究
"每个东西的原因,每个东西因何产生、消亡以及存在"

---

① Leo Strauss, *The City and Man*, the University of Chicago Press,
1964, p. 119.

（99e）。

然而，他对旧传统的不满导致了一种新哲学路向。旧的自然哲学无法解决苏格拉底的特殊关切："每一事物为何如此安排最好。"带着这个问题，苏格拉底逐渐认识到逻各斯之于哲学探究的意义，他看到直观自然事物"恐怕会毁了眼睛"（99d）、"彻底把灵魂搞瞎"（99e），必须"逃入逻各斯"，经由逻各斯观看自然。"苏格拉底转向"呈现出一个清晰的问题层次：青年苏格拉底提出假设诸形相进行思考，从属于他对逻各斯意义的发现，逻各斯又从属于一种指向善的目的论。位于苏格拉底原初意图中心的正是**以善或秩序为目的探究原因**。苏格拉底的新路向要借诸真理之影像——也就是形相静观真理，苏格拉底转向表明从一种探究真理的原初方式向次级方式的转变。①

正因为如此，在《巴门尼德》第一部分的最后，巴门尼德在完成批判青年苏格拉底形相论具体建构的同时，又从整体上肯定借助形相运思的意图，称赞这个意图既美又神圣（135d）。第一部分展现了一个严肃的两难处境，它直接关乎哲学之可能性问题（《巴门尼德》135c5）。形相初次登台即遭遇重创，柏拉图在《巴门尼德》的第一部分详细展现了

---

① Keneth Dorter, *Plato's* Phaedo: *An Interpretation*, Toronto: University of Toronto Press, 1982, p. 127. 类似观点参 Lloyd Gerson, "*Harold Cherniss and the Study of Plato Today*", *Journal of the History of Philosophy*, vol. 52, no. 3, 2014, pp. 397—410。

一套"理念论"如何不可能成立,而这触发对哲学可能性的思考,辩证术在这一语境下正式登场。巴门尼德指出,青年苏格拉底欠缺一种对于哲学探究而言不可或缺的训练,这种训练:1. 形式上如同芝诺论文采取的论证形式(135d8);2. 它需要借助形相,而非事物(135d8—e4);3. 它关乎真理,通过辩证术可"彻底训练自己并可靠地洞见真理"(136c7)。

《巴门尼德》的第二部分是巴门尼德用八组论证展示辩证术(137c—166c)。这部分内容是漫长的纯逻辑论证,整个论证过程实际由巴门尼德完全主导,亚里士多德只简单地附和。八组论证的大前提是历史上的巴门尼德的经典命题"一切是一",每组论证的前提与结论概括如下:

1. 若一存在(137c),一无任何性质(142a);

2. 若一存在(142b),一有全部性质(155e);

3. 若一存在(157b),他者有全部性质(159a);

4. 若一存在(159b),他者无任何性质(160a—b);

5. 若一不存在(160b),一显得有全部性质(163b);

6. 若一不存在(163b),一无任何性质(164b);

7. 若一不存在(164b),他者显得有全部性质(165d);

8. 若一不存在(165e),他者既无也显得无任何性质(166b)。

此处的"性质"指八组假设中列举的诸范畴,即:

1. 有限与无限(137d)

2. 形状(137e)

3. 位置(138a—b)

4. 运动与静止(138b—139b)

5. 同与异(139b—e)

6. 相似与不相似(139e—140b)

7. 相等与不相等(140b—d)

8. 时间性(140d—141d)

这些范畴不应被视为柏拉图的范畴论学说,它们全盘挪用巴门尼德《论自然》残篇 8 中关于"存在"的诸范畴,它们都是自然哲学的一般论题。《巴门尼德》的诸范畴从属于辩证术的八组假设,八组整体指向同一个论证意图:埃利亚派的"一切是一"既可以在逻各斯中证成,也可证伪。同时,八组假设明显改造了埃利亚派对"非存在"和"意见"的否定,最终结论是一存在或非存在既可成立又可不成立,诸范畴既适用于、又不适用于一或他者。

从《巴门尼德》对话的整体语境看,第二部分首先是巴门尼德展示辩证术。《王制》卷七强调了辩证术在探究真理过程中的地位。哲人超越生成把握存在时,灵魂为适应由生成转向存在的眩晕和痛苦,先要借助"关于一的研究"和数学缓和攀升过程中的不适(525b),然后要借助辩证术彻底超越感官,上升到"每个东西其所是",最后,灵魂凭思本身把握"善"(532b)。在整个上升过程中,辩证术是关键步骤,它先借助假设,进而摧毁假设,它不仅是一门技艺,更是灵魂超越生成朝向存在、最终朝向善的关键(533d)。

晚期对话《斐勒布》同样讨论辩证术与哲学,其中完整论证了一与多之争如何引出形相(或理念),辩证术又如何产生于这个背景下(13e以下)。苏格拉底谈到,有一些东西是他自哲学生涯伊始就确定为善的东西,如思想、知识、心智等,但他遭到来自逻各斯的考验。辩证术是苏格拉底应对这一考验时找到的方法(17a),他称之为"本人永远热爱的更漂亮的方法"(16b)和"神赐给人的礼物"(16c)。辩证术出自对本原问题的探究:"任何据说存在的东西都出自于一和多",因此需要"确定理念"(16c)。《斐德若》说辩证术家是对区分与结合有爱欲之人,所谓辩证术之合即"统观分散在各处的东西,然后把它们引领至一个形相……"(265d);辩证术之分即"按其自然生长的关节处依据形相切分这个……"(265e)。

这意味着,形相在一定程度上是自然的,并非绝对的人为设定,它作为一种自然标准出现于辩证术:辩证术的两个组成部分——结合与区分——必须借助形相(理念)完成,在这个意义上,形相与类同义。

《巴门尼德》因循相应的柏拉图式问题次序展开:在第一部分,芝诺文章的论题是一与多,这引出苏格拉底借助形相(即理念)讨论一与多,接着巴门尼德批判形相引出辩证术;在第二部分,巴门尼德围绕一与多(他者)展开辩证术的八组论证。在《斐勒布》中,《巴门尼德》的青年苏格拉底曾经用来反驳芝诺的论证再现于普罗塔库斯之口,成年苏格拉底称这套说法为"关于一和多的陈词滥调","人们认识到它们是小孩子把戏"和"逻各斯的障碍"(14c—d),辩证术是解决一与多难题的新路径。

　　形相论和辩证术从属于对一种灵魂特殊爱欲的讨论,这也是《斐德若》与亚里士多德《修辞学》和《论题篇》在辩证术问题上最明显的差异。柏拉图并不着眼于对辩证术理论的系统论述,他把辩证术置于灵魂爱欲问题下讨论。在柏拉图这里,追逐逻各斯被刻画为辩证术家的生活方式:苏格拉底表示斐德若利用书中的逻各斯,可以把他引诱到任何地方(230b)。《巴门尼德》有两处细节同样有意突显追逐逻各斯之人的爱欲:柏拉图说,芝诺是巴门尼德的"宠儿",如前所说,这个词常常用来指男同性恋关系中的少男(127b);当巴门尼德开始第二部分的辩证术展示前,他将自己涉身逻各斯海洋的活动比作被迫步入爱欲(137a)。辩证术把对逻各斯有爱欲的人们引向真,正如巴门尼德教导青年苏格拉底,要借助形相,经由辩证术"彻底训练自己并可靠地洞见真理"(136c7)。

　　从柏拉图到亚里士多德,辩证术发生了一次关键转变:概言之,柏拉图认为辩证术是爱智活动朝向真理的最佳方式;亚里士多德更多强调辩证术检验命题的效用,也就是工具意义。① 相应地,《巴门尼德》第二部分的解读通常也有两种研究进路:一种关注八组论证的具体逻辑,验证这些论证的有效性和精确性②,另一种则关注八组论证的整体,尝试理解前提及其结论的意义,并由此把握存在论、逻辑学与柏拉图思想整体的关系。

第二部分八组论证的前两组篇幅庞大,围绕诸范畴详细展开,同一个假设推出截然相反的结论,若一存在,则既可无、又可有诸范畴。后六组论证则非常简短,有时是争辩术(eristic)或智术玩笑,看似只是为了凑成辩证术两两对应的形式结构,一个假设及其对立面可以交互得出相反结论。第七组的呈现方式尤为特殊,这组论证不是逻辑推论,而是文学比喻。**伯纳德特**(Seth Bernardete)注意到这一点,他由形式上最特殊的第七组切入,认为第七组是中心,其余七组围绕它的主题收拢与展开,这组论证呈现的正是苏格拉底哲学之起点,因此必须以此处的两个比喻为基础理解八组的整体意图。③ 第七组

① Jacob Fink, *The Development of Dialectic from Plato to Aristotle*, Cambridge University Press, 2012, pp. 1—23.

② 代表性学者有弗拉斯托斯(Gregory Vlastos)和布伦鲍(Robert S. Brumbaugh),他们把现代逻辑学成果应用在这个古代文本上,致力于发现并解决其中的逻辑问题。两人结论恰恰相反:前者认为柏拉图的论证存在大量无效推论,后者称这些论证"有着堪比欧几里得《几何学原理》的牢靠"。

③ Seth Benardete, "Plato's *Parmenides*: A Sketch," in *The Archaeology of the Soul*: *Platonic Readings of Ancient Poetry and Philosophy*, 2012, St. Augustine's Press, pp. 229—43. Laurence Lampert, *Reading Benardete*: *A New* Parmenides, *Interpretation*, vol. 44, 2018, spri., pp. 403—423.

属于后四组"否定性"论证,前提假设是"一不存在/非一"
(160b—163b),它用到"做梦"和"观看影子画"两个比喻:

> 但每一团,正如它看似那般,数目无穷,正如酣眠一
> 梦中,某个瞬息,若有人把握到某个被认为是极限小的
> 那个东西,它本被认为是一个反而显得是许多个。
> (164d)

> 我预感,有人用思想所把握的一切存在必然破碎分
> 散;因为没有"一",在某种程度上就只能把它作为一团
> 来把握。(165b)

> 对于远处观察影子画的人,一切显得是一,显得经
> 受同样的情况,也是相似的……但是,走近前,它们显得
> 纷繁芜杂,而且由于这种不同的显现,它们与自己既不
> 相同也不相似。(165d)

当不存在一时,人类思想如同做梦一般对待一与多,又
如同观看影子画时远观为一近看则多(164d—165d)。做梦
和观看影子画代表了灵魂的想象与认识活动,人类经验中的
许多个具体的一可被理解,潜藏在一切之后的那个作为最终
普遍原则的"一"是人类无法感知与认识的。假设七暗示,
人以为把握到的那个一实际上只是梦中的瞬息,但若没有

一,一切只能是破碎芜杂的现象。假设七向苏格拉底揭示,包括"形相"在内的种种存在论学说至多只是**真理的相似者**,而非**真理本身**,关于存在的种种说法实则仍是**看似如此**。

第七组呈现了人类经验与存在的复杂交融,呈现了灵魂与存在问题的关联,指向探究存在的新路径——由探究灵魂之所是(what is)追问存在,伯纳德特称之为"存在论灵魂学"(ontological psychology)。

朗佩特从存在论灵魂学看到,《巴门尼德》最终揭示出,人类语言的技艺或知识是哲学探究的必要工具,人可以借此恰当地开始对灵魂经验的研究,也就是一种灵魂学,由于灵魂学是一种属人知识,人可以由此通往一种朝向整全秩序的存在论。"存在论灵魂学"的起点即苏格拉底的"认识你自己",这在存在论上意味着经由人类的自我认识理解人类的认识方式。若没有这种存在论灵魂学,人类就无法摆脱以幻象为基础的经验世界。这种新路径兼具政治面相与哲学面相,一方面指向对形形色色的灵魂类型与生活方式的认识,另一方面指向特殊灵魂的爱欲,指向终极的存在之问。

《巴门尼德》的青年苏格拉底形象代表了一种新哲学开端时的形态。尽管《巴门尼德》揭示出形相论的原初困境,柏拉图笔下的成年苏格拉底仍坚持借助形相完成论证,形相始终保持与可感知事物的区分,同时具有类的含义和价值指向。《斐多》把这个价值指向表达为一种以"善"为最高本原的目的论宇宙,《王制》把辩证术安排为将灵魂导向"善"的最后一步,成年苏格拉底用到的形相论与《巴门尼德》的青年苏格拉底形相论没有本质性的改变。

柏拉图笔下的苏格拉底从未放弃过《巴门尼德》中青年苏格拉底的"神圣动机",这个动机显得出于正确意见的考虑,其实直抵深层存在论的思考。《巴门尼德》传达了柏拉图对于逻各斯与人类经验的态度。不过,尽管青年苏格拉底把形相与事物的价值密切关联,柏拉图的苏格拉底绝非道德学家,苏格拉底转向的关键恰恰在于发现逻各斯。

《巴门尼德》令人困惑的结尾最终照应着柏拉图对辩证术与真理关系的基本看法,八组假设经过繁琐而漫长的论证,走向一个"既是(或显得是、或变为、或显得变为)/亦是(或显得是、或变为、或显得变为)"且"既非(或显得非、或变得非、或显得变得非)/亦非(或显得非、或变得非、或显得变得非)"的未定结论(166c2—5),而非得出关于最高存在的肯定性学说,无论这种最高存在是"形相"或"善"。这正是柏拉图与柏拉图主义者们的关键差异。

《巴门尼德》的首要关切是青年苏格拉底转向苏格拉底式哲学的关键一步,关心的是对一种苏格拉底式哲学生活的呈现,因此,对话特地凸显出哲学生涯之初的苏格拉底更关心价值问题,并将存在论学说和逻辑论证置于次一级的地位,从属于探究关于美好秩序的真理。当然,这并不意味着哲学生活可以缺乏自然学、形而上学和逻辑论证,除非选择另一条同样通往美好生活的道路,也就是启示信仰之路。不过,仅就希腊哲学传统而言,关于本原的探究为苏格拉底式德性提供了正当性,倘若不经过由自然学到形相论的深刻转变,道德教诲将会缺乏根基与说服力。

卢梭的公民教育实验

三 《王制》抑或《爱弥儿》

——以女性教育为中心的考察

在柏拉图《王制》卷四结尾,苏格拉底完成对正义城邦的描述,他本打算在第五卷开始谈论四种"既坏又错误的"政制和灵魂类型(449a)。然而,这个论题被搁置起来,直到第八卷才得以继续。对话者阿德曼图斯和玻勒马库斯敏锐地捕捉到,苏格拉底描述正义城邦时故意滑过某些极富争议却至关重要的问题,这些问题关乎完美正义的城邦最终能否实现,所以他们迫切地要求苏格拉底必须重新解释清楚。

在这个背景下,苏格拉底的原定计划被迫中断,他展开了"一整段并非微不足道的论证"(449c),这部分论证一般称作"三个浪头",实际上构成了《王制》全书的最高潮(卷五至卷七)。这些浪头卷起柏拉图哲学许许多多的经典论题,如男女平等、乌托邦、哲人王、分线喻、洞穴喻、形相论等。第一个浪头从451b延续至457c,苏格拉底提出一个非常符合

现代生活事实和价值观的断言:女人与男人的在教育和待遇
上应该平等。

由于核心问题涉及女性教育,"第一个浪头"也被称为
"女性的戏剧"、"女人的礼法",在上世纪 60 年代西方女权
主义运动中获得特殊关注,70、80 年代的学术研究还发明了
"哲学女王"问题,探讨"柏拉图是女权主义者吗"。①

柏拉图对话的现代读者很难不疑惑——据说柏拉图式
古典政治哲学批判民主制,他为什么会激进地支持"女权主
义"? 倘若同时还读了卢梭的《爱弥儿》会更感困惑:据说法
国大革命之父在书中为公民社会设计了一套新教育方案,这
个新方案怎么会特地批判柏拉图的男女平等? 众所周知,男
女平等是更现代的观念,在现代生活方式中,男女平等即便
不是广泛实现的实际状况,也是普遍承认的"政治正确"。

古典哲人赞成男女平等,现代哲人却激烈反对,这与我
们通常的印象相去甚远,我们不禁想搞明白,问题究竟出在
哪里? 这个极具现实意义的问题关系重大,甚至直通西方古
今政治哲学的基本原则和重要预设,值得一探究竟。

卢梭直呼生育是女人的天性,如今的人都会觉得这个论
调过于陈腐。鉴于卢梭的思想史地位,他这么说肯定不是基
于庸俗的大男子主义偏见这么简单。确实,这句看似贴近习

① Natalie Harris Bluestone, *Women and the Ideal Society*: *Plato's Republic and Modern Myths of Gender*, Amherst: University of Massachusetts Press,1987.

俗的大白话其实有他自己的哲学考虑,这话首先针对《王制》的是"女性戏剧"的基本问题:

> 我很清楚:柏拉图在《王制》中主张女人也要做男子所做的那些运动。他在他所主张的政治制度中取消了家庭,但又不知道怎样安置妇女,所以他只好把他们改造成男人。……两种性别的人都去担同样的职务,做同样的事情,结果是必然会产生一些不可容忍的弊端的;我要论述最温柔的自然的情感的消灭……当我们论证了男人和女人在品格和天性上不是而且也不应当是完全相同之后,我们便可由此得出结论说:他们所受的教育也必不相同。(《爱弥儿》,下册,页 588)①

《王制》和《爱弥儿》共同的论题是"如何养育和教化人的灵魂",它们都是"关于人的灵魂的立法书。"②可以说,柏拉图和卢梭对"男女教育平等"的不同立场背后首先基于对人性的两种不同理解,这个理解直接关乎古今哲人对最佳政制的不同看法。

---

① 本书涉及《爱弥儿》引文均出自李平沤译本,下文仅随文注明页码。卢梭,《爱弥儿》,李平沤译,北京:商务印书馆,2015。

② 刘小枫,"《爱弥儿》如何论教育",刊于《北京大学教育评论》,2013 年 1 月,页 126—146。

1. 理性与幸福生活

《王制》与《爱弥儿》的第一个关键区分是，女性戏剧中的女性不是城邦中的全体女性，而是特指护卫者阶层中的女人。与此相比，卢梭的苏菲是为爱弥儿设计的理想伴侣，她与作为未来社会公民榜样的爱弥儿一样，都是生活在公民社会中的普通人（*un homme vulgaire*）。

对于柏拉图来说，女护卫者与男护卫者必须共同从事一切相同的事务（457b—c），区分体现在护卫者与普通人的天性与职责，而非男女性别差异。因此，柏拉图这里的"男女平等"有个极为重要的前提条件，即天性与职责的差异，这一区分比性别差异更为根本。因此，首先必须考察，何谓护卫者天性？这种天性与常人天性有何不同？柏拉图为何更强调这个差异，而非男女性别差异？

护卫者进入《王制》是在卷二"奢侈城邦"。在奢侈城邦中，物欲无尽而物资有限，内外欲求不加控制会导致失序，情况严重起来时战争就在所难免，于是，城邦需要"战士"（374d）。苏格拉底从人类生活的一般状况引出"护卫者"概念，他初次提到护卫者时就区分了他们的职责与普通人的职责，他说：

> 护卫者的工作更重要，就相应比其他工作要求更多

闲暇时间,也要更出色的技艺和更多辛劳(374e)。

护卫者需要闲暇、技艺和辛劳,他唯一职责是守护城邦。柏拉图没有继续用"战士"一词,而是用了"护卫者",因为,这种人不仅仅是普通战士,他们承担的是最宽泛意义上的守护城邦,普通战士浴血沙场仅仅是最狭义的守护城邦。凡是肩负城邦兴亡之责的人都是"护卫者",就守护城邦这一职责而言,他们必须心无旁骛,接受最艰苦的磨炼(372e—374e)。

《王制》探讨"护卫者的自然"和"护卫者的教育"问题背后是一种古典目的论,也就是说,人类自然天性的完善必须符合一种朝向其自然目的的活动,就护卫者而言,他们的自然天性符合守护城邦的目的,他们天性的完善就在于守护城邦这个目的的实现。在柏拉图看来,问题的关键首先是识别*"何种自然适合去守护城邦,以及他们是什么样的"*(374e),也就是区分人性。

护卫者不是城邦的任意个体,而是具有特殊天性的某类人,他们与代表城邦欲望诉求的赚钱阶层在自然天性和诉求方面都存在根本差异。《王制》的男女教育平等意味着柏拉图对不同层级的人性差异有着先后排序,这里优先考虑的原则是:挑选特殊自然天性并给予相应的恰当教育,让这种自然天性更好地实现,最终完成守护城邦的目的。正是相对于这个目的来说,显而易见的男女身体性自然差异退居为次要考虑。那么，护卫者天性具体指什么呢？护卫者与普通人的灵魂差异是否真的可以优先于男女差异象征的身体差异？

在374e—376c，苏格拉底和格劳孔讨论了护卫者应该具有的自然天性。苏格拉底借谐音提出著名的"狗的比喻"，这个比喻后面又被用在"女性戏剧"的开场。苏格拉底用血统优良的幼犬类比天性高贵的青年：

> 当然，两者都需要敏锐的感觉，迅速抓住他们察觉到的东西，而且最后，要是他们得跟逮住的东西搏斗一番，就还要力量。（375a）

护卫者要搏斗就必须勇敢，勇敢有赖于*血气*，所以护卫者的天性要有血气。血气与护卫者一起首次出现在《王制》中。职责还要求护卫者必须对自己人和善、对敌人凶狠，他同时要具有两种截然相反的品质——温柔敦厚与血气旺盛（375c5），他也必须具有分辨敌我的知识，所以还"需要天性是个爱智者"（375e）。苏格拉底解释道，狗识别样貌以区分敌友，说明它凭借知识和无知判断自己人和外人，具有好学的品质，护卫者也要好学，要热爱智慧。热爱智慧成为了护卫者的关键特征。尽管此处的护卫者与第三次浪潮中近似神性智慧的哲人还有差距，但护卫者是φιλομαϑής，即"爱学习的人"，也就是具有哲学天性的、潜在哲人。于是，哲学位于护卫者自然天性的核心。

经过漫长的讨论,苏格拉底和格劳孔最终确定下来,护卫者的自然天性是:**天生就要爱智慧、有血气、敏捷和强壮**(376c)。紧接着,苏格拉底告诉我们,教育青年护卫者是关乎城邦整体秩序变好的大事情。护卫者教育包括两个方面,身体的教育与灵魂的教育:前者是**体育**,后者则是**音乐**(376e)。

按照古希腊人的日常生活习惯,体育教育通常在公共的运动场或体育馆进行,是一种在公共场合从事的裸体锻炼。正是这个来自日常生活经验的习惯给男女平等的反对意见埋下关键伏笔,矛盾的焦点是,男女护卫者能否共同参与裸体锻炼。这表明身体极可能是男女平等首当其冲的障碍。

音乐,最初指任何在缪斯女神引导下进行的活动,尤其指配有音乐吟唱抒情诗,经过苏格拉底扩展后的音乐类似于如今的文学,包含神话、诗作,韵律和旋律等要素,从属于语言和理性。缪斯技艺和文学教育着眼于灵魂,也不囿于地点选择,既可以在私人宅邸,也可以在公共场所进行。男女护卫者的灵魂教育没有引起争议,音乐教育的目的是培养护卫者灵魂的和谐。

这就是为何音乐教育是最好的教育,是不是? 因为节奏与和谐首先会浸润到灵魂最深的部分,以优雅进行最有力的掌控;节奏与和谐使人优雅,如果培育得当,否则结果就会相反。由于有了正确的好恶,他会称赞好的事物,从中得到乐趣,并将之融入自己的灵魂里,他会得到滋养,成为一位绅士。年轻的时候在掌握合理的言辞之前,他就会以恰当的方式指责憎恨丑陋。当有了合理的言辞时,以这种方式培养的人会由于其相似性而认可它并从中得到最大的乐趣,是不是这样?(401d—402a)

经过音乐和体育的双重涵育,护卫者的灵魂与身体、实践德性与哲学德性均得到调和,他们中有人将有能力胜任城邦监管者一职,在这里,苏格拉底对护卫者们进行了一次区分,即年长的统治者与年轻的被统治者,年轻的被统治者又被称作辅助者和助手(414b)。城邦统治者是见识卓著、德高望重的最优秀护卫者,是最善于护卫城邦的人(412c),捍卫城邦利益是其自然的实现:

> 那么我们必须从护卫者中挑选出经过考验最能打动我们的人,他们的整个生命都在于维护城邦的利益,拒绝做任何有悖城邦利益的事。(412d—e)
> 我们必须寻找最好的护卫者,他们相信自己必须在各种情况下做对城邦最有利的事情。(413d)

柏拉图在这里提出一个至关重要、也是常识性的基本政治原则:对于一个城邦来说,至善莫过于统一,至恶莫过于分裂:

> 对于一个城邦,难道我们还有比这更大的坏吗,一
> 个分裂它、使它成为许多而非一个的东西? 或者,更大
> 的好,一个团结它、使它成为一的东西?
>
> 我们没有。(462a—b)

在这个基于日常政治生活的常识问题上,对话者和苏格
拉底毫不费力就达成共识,因为,对于古典政治传统而言,一
切政治讨论都以政治共同体的存在为先决条件。正如施特
劳斯指出:

> 古典著作首先关注的并非如下问题:是否有、或是
> 否应该有一个政治共同体,为何有、或为何应该有一个
> 政治共同体……质疑特定共同体生存和独立的可欲性
> 或必要性,通常意味着犯叛国罪。①

因此,在《王制》中,护卫者的个人善与城邦的共同善达
成一致,这正是古典政治哲学的基本特点,用施特劳斯的话
说,政治哲人首先以好公民的身份出场,他以“最好的方
式”、“在最高的层面”做一个好公民,同时,他也未放弃自己
的内在本性。② 经过挑选、教育、再挑选,对于最优秀的护卫

---

① 施特劳斯,“论古典政治哲学”,曹聪译,见《古典政治理性主义
的重生》(修订版),页101。
② 同上,页98。

者来说,个人价值在城邦的统一大业中得以实现。

这首先意味着,基于对人性现实的深刻认识,柏拉图从不认为在每个人身上都可以在个人与集体的矛盾中达成这种一致,他将这种一致限定在特殊天性中。柏拉图也同样从未简单地认为,在少数特殊天性中果真可以解决这个矛盾,当卷六哲人王进入之后,城邦与哲学的张力逐步呈现,这让问题变得愈发复杂。无论如何,古典政治哲学的首要关切是最佳政治秩序,这以政治共同体最大的善——统一——为先决条件。

然而,我们难免进一步追问,护卫者的个人目的与城邦目的是否真的完全一致?这个问题与三次浪潮的可能性休戚相关,柏拉图的展开紧扣着身体限度对护卫者的影响。那么,护卫者的理性是否足以压制城邦其他阶层的欲望?在最优秀的护卫者灵魂中,理性是否足以驾驭血气与欲望?

问题还不仅如此,就护卫者中最出类拔萃的极少数人,也就是哲人而言,他们的需求是从纯粹沉思活动获得理性完满,这与普通城邦民的需求不仅不一致,甚至还可能有根本冲突。施特劳斯把这个冲突概括为人类政治生活的根本矛盾,卢梭和柏拉图都十分清楚地看到了这个矛盾,卢梭将其转化为一个与柏拉图不太一致的表述:个体自由与社会的对立。①

---

① 施特劳斯,"论卢梭的意图",冯克利译。中译见刘小枫,《设计共和》,北京:华夏出版社,2013,页273—308。

在卢梭这里,问题扩大为:不仅极少数哲人的个体完满与族类完满不一致,每一人的个人善都与整体的共同善有矛盾。于是,他寻求"公意"作为解决方案。卢梭着眼于现实可能性,认为这个冲突的最高层面根本不可能得到解决,然而其一般层面可以找到一个平衡点,至少能寻求一种权宜之计。柏拉图的护卫者面对这一矛盾显得完全没有冲突,这类人通过劝服和强制等方式主导城邦中其他人,而非以众意作为平衡点。换言之,柏拉图式古典政治哲学试图通过哲学维护城邦的统一秩序,因为,唯有正确的哲学能帮人辨识城邦与个人的善,对于柏拉图而言,追求舒适的自我保全与追求整全秩序根本不可同日而语,共同善与个人善之间不存在妥协与平衡。

卷五伊始,阿德曼图斯迫不及待地问出了最能体现矛盾焦点的问题——护卫者的幸福:

> 你几乎不能使这些人幸福,……城邦确实属于他们,但他们从中却享受不到任何好处。(419a)

阿德曼图斯所谓的"好处"指土地、住宅、金银财产等等物质利益,这些都是现实生活中人们"通常认为一个想要获得幸福的人拥有的一切",用现代政治哲人霍布斯-洛克-卢梭的术语表述,就是**财产**(property),财产是自我保全的基础保障。现代哲人找到人人都有的自我保全需求作为社会的自然基础,出于自我保全的目的,人需要结成社会。

于是,社会的基础正是每个个体的身体需求,卢梭在《爱弥儿》中谈到,这种身体需求与能力的一致就是幸福,其下限是仅仅活着而已,上限则是舒适惬意地活着。归根结底,卢梭认为,无论想要最高限度地还是最低限度地满足这种需求,个人能力都很有限,那么就必须享有共同体提供的好处,也就必须付出相应的代价。正是出于一种着眼于身体需求的利益计算,人需要服从公意,承担义务。

柏拉图的护卫者不需要财产,即便城邦提供了维持基本生活所需的物资,他们也不可能享有舒适惬意的生活。于是,阿德曼图斯难免会担心他们的幸福:一个连财产都没有的人能幸福吗?柏拉图的答案再次指向人类天性的自然差异:这一差异必然造成护卫者与普通人的使命不同,普通人的幸福生活也不是护卫者的幸福生活。苏格拉底对阿德曼图斯的回应如下:

> 即便这些人[护卫者]就像他们那样生活也可以是最幸福的。我们建立这个城邦并不是要期望我们当中任何一个群体的特别的幸福,而是最大限度地为了整个城邦的幸福。……随着整个城邦像这样地成长并被公正地建立起来,我们就必须让自然把群体中的每一类人的那份幸福分配给他们。(420b—421c)

　　在言辞中的城邦里，自然会把不同天性的人的幸福分配给他们。苏格拉底的回应分两层：首先，护卫者追求整个城邦的幸福，也就是一种理性主导下的有序运转，支持这个回应的是古典政治理性主义的整体与部分观念。其次，苏格拉底指出，即便对于城邦中的其他人而言，财富也算不上幸福生活的充分保障，因为现实生活经验屡屡告诉我们，如果一个人不够明智，过多的财富反而容易滋生懒惰和享乐，人被财富败坏、毁灭的悲剧并不罕见。

　　苏格拉底在卷四得出结论：护卫者的幸福就是实现城邦公共的善，问题的关键在于，如何设计城邦才可以保障城邦的整体幸福，而不仅仅是某个阶层甚至某个个人的幸福。苏格拉底提出，就保障城邦整体幸福而言，最必要的是智慧、勇敢、节制和正义等德性，而不是财产（427e）。换言之，城邦整体幸福的保障是理性，而不是身体欲望。苏格拉底宣布发现了灵魂和正义的自然，重回《王制》开始时提出的基本问题：正义生活无论多么缺乏外在好处，都比拥有许多外在好处的不义生活好。

2. 身体与政治的限度

　　苏格拉底让护卫者的个人幸福从属于城邦整体幸福，不仅现代人不会赞同苏格拉底的财产观，他的对话者们显然还是没被说服。在卷五的开头，他们就打断苏格拉底，要求他必须详细解释关乎护卫者基本生活保障的财产制度——"女人儿童公有制"。正是这个诉求触发了著名的"三个浪头"：第一个浪头即所谓的"男女教育和待遇平等"（451d—457b）；第二个浪头才是对话者们追问的"女人儿童公有制"，涉及到废除私有财产，消灭家庭，为优生优育设立特殊法律等论题（457c—473c）；第三个浪头从卷五末延续至整个卷六卷七，一般认为是整部《王制》最"哲学"的核心部分，即"哲人王统治"（473d—541b）。整个过程中，身体渐次退隐，灵魂越发彰显。

特拉叙马霍斯告诉苏格拉底，经集体表决，大家一致要求苏格拉底澄清一个困难，当苏格拉底论证护卫者不需要私有财产时，他说的"女人儿童公有制"应该如何施行（450a）。苏格拉底并没有直接进入这个论题，而是把它放在第二个浪头讨论。苏格拉底另外提出了"男女平等"和"哲人王统治"，让"公有制"问题夹在中间，最终将谈话推至《王制》的最高点。第五、六、七卷看起来像是一个被迫发生的偶然，但却是整部《王制》最受关注的部分。特拉叙马霍斯们想知道公有制是否可行、如何执行，他们问的是一种现实的可行性，苏格拉底对这个追问显得闪烁其词。

值得注意的是，苏格拉底一开始就透露出一种可疑态度：

在睿智且友爱的人中间，关于最重大和挚爱的东西,讲出自己知道真理,倒还安全且令人鼓舞;但在怀疑和探索之际讲出这些论证,这正是我现在所做的,就既令人害怕又危险,我倒不担心被人嘲笑——因为这样孩子气——而是担心从真理那儿滑倒,不但自己滑倒,还会拖累朋友们在最不该滑倒的地方一块儿倒下。

(450d—451a)

苏格拉底没有担保接下来的方案切实可行,恰恰相反,他是在表达完疑虑之后才开始第一个浪头。在每个浪头开始时,苏格拉底都会先和同伴讨论两点——即"是否可能实现"与"是否是最好的",这就是引发研究者持续讨论的"可能性"与"可欲性"问题。苏格拉底要讨论关于政治制度讨论的新思路,即如何确立好的标准。他同时也谨慎地提醒讨论者注意,由于人类的必然限度,在现实政治活动中,可能性与可欲性往往并不一致。换言之,理论上说起来好的未必可行。

苏格拉底进入男女平等问题时延续卷二牧羊犬与护卫者的类比,但在不经意间透露出一些新东西:

雌性护卫犬们所护卫的,必须与雄性护卫犬们所护卫的东西一样,并且跟他们一起打猎,共同做其他事情,还是相信,她们必须待在屋里,似乎没有能力,只能生养狗崽们,而雄性护卫犬们则工作并独自照看羊群?

全都共同,他说,除了我们把她们作为较弱者使用,而那些作为较强者。(451d)

这个类比关系似乎想要证明,雌牧羊犬因其天性在生崽之余仍会看护羊群,同样地,女性护卫者也因其天性必须守护城邦。表面的论证是,就实现守护城邦的目的而言,基于身体的性别差异无关紧要,女护卫者理应享有与男护卫者完全相同的教育。然而,苏格拉底捎带着补充了一句,女性是较弱者,男性是较强者。强弱显然指体力的强弱,这个看似不经意的补充再度暗示,身体限度是实实在在的现实。正是身体差异构成了男女教育平等的争议焦点:就关乎灵魂的音乐教育而言,平等未引起任何疑虑,可是,就关乎身体的体育教育而言,平等一定会引爆舆论。

按照公元前 6 世纪晚期到 5 世纪早期希腊人的生活习惯,裸体锻炼是常见的基本要求,难以想象男女老少赤膊上阵在体育场一起锻炼,这种景象被视为女性戏剧最可笑的地方。在绝大多数希腊城邦,女子接受教育的目的是为婚后操持家务、生儿育女做准备,这个目的与卢梭的看法没有区别。单就这一点而言,卢梭的看法更贴近人类的长期生活习俗,似乎更具现实可能性。

然而,从人类古往今来的现实生活经验看,第一个浪头也不是压根儿不能实现,当时在希腊世界就有斯巴达女人和男子接受相同的体育训练,中西方历史上杰出的女统治者也不罕见。因此,苏格拉底当然也可以辩称,依照性别差异区分教育的根据仅仅出于习俗礼法的规定,于是,他宣称要挑战礼法中最艰难的部分(452c)。

> 我们就必须沿着我们的道路走向礼法的艰难部分,恳请这些男人们,别去关心他们自己的那点儿事儿,而要严肃点儿;还要提醒他们,就在不久以前,希腊人——就像现在许多野蛮人——还认为,看到男人们裸体显得羞耻而可笑呢;最初克里特人创建体育馆的时候,斯巴达人紧随其后,那时候的文明人就可能嘲笑这一切。(452c—d)

苏格拉底指出一个现实生活的现象:男子裸体锻炼一度也曾是可笑的事情。他由此论提出礼法并非恒久不变,并进一步声称,只要能在言辞中证明一件事是好的,众人眼中的笑料就不是什么不正当的事。在这里,苏格拉底暂时接受了巴门尼德的逻各斯之路,哲学开始逐步让对话偏离可见的身体性自然差异,高于礼法的"好"出现了,它随后还将出现在整场讨论的顶点。

苏格拉底向礼法最艰难的部分发起挑战,他的凭据是逻各斯与真理的关系,也就是哲学对于真理与意见的看法。于是,他明确提出要"通过凭形相区分所言之物进行考察",他求助于辩证术(454a):

　　仅凭名称，我们就勇敢地以争辩的方式坚持，不同
的自然必不具有相同的实践。却根本没有仔细考察，不
同的和相同的自然的形相到底是什么，当我们把不同的
工作分配给不同的自然，把相同的分配给相同的，那时
我们不知道根据什么标准对它们进行了区分。（454b）

　　这里出现了一种新的自然。为了对抗以身体性自然为
依据的传统礼法，苏格拉底借助"形相"完成对自然的重新
解释。我们可以看到，尽管《王制》关于形相论的正式讨论
在第三次浪潮，但在第一次浪潮已暗含它的运用。形相论和
辩证术的联手曾出现在《巴门尼德》（135b—c），这是青年苏
格拉底转向的关键一课，巴门尼德教诲的核心是，青年苏格
拉底必须借助形相和辩证术，而非事物和感觉进行哲学
思考。

　　苏格拉底在这里给出了一种纯哲学论证，基于"理念
论"的两个世界划分，这个划分延续并改造了巴门尼德的真
理之路与意见之路。简单说来，在可见域的身体性层面，男
女自然天性明显不同；在纯粹的形相世界，身体不再构成限
制。苏格拉底在这里用到谢顶鞋匠与浓发鞋匠的类比：

　　谢顶的人和头发浓密的人的天性相同还是相反。
而且，要是我们同意二者相反，如果谢顶的人是鞋匠，我
们就不会让头发浓密的人是鞋匠，或者，如果头发浓密

的人是鞋匠,其他人就不能是鞋匠。

这,他说,当然可笑啦。

确实,我说,可笑,只因我们没有检查都有哪些相同与不同的天性,而仅仅注意探讨相同和不同本身的形相,在关系到人的职业这件事上?例如,我们是说,男医生与女医生拥有天性相同的灵魂。(454b—d)

需要注意这个类比颇具喜剧意味,他用一种戏谑的方式把性别差异淡化为发量差异,从而证明就一种技艺的使用而言,决定性因素不是身体的自然,而是灵魂的自然。然而,这个类比给论证添加了喜剧元素,这意味着,柏拉图很可能并未把此处的论证视为严肃真理,它至多只是诸多意见的一种,甚至可能是可笑的。①

这样一来,在医术、建筑、音乐、体育、战争、哲学等技艺方面,更重要的是分辨某种灵魂上的自然天性能否胜任,而这尤其关乎灵魂的学习能力,也就是**理性能力**。苏格拉底特别给出新标准:具有好天性的人就是身体充分服务于思想的人,缺乏好天性的人则是身体抵制思想的人(455b—c)。根据这个标准,性别上的自然差异既然只是身体的、尤其是生育方式方面的,那么就是从属性的。苏格拉底最终得出结

① 对参《巴门尼德》218d、《王制》517a。关于哲学的限度与喜剧的关系,参罗森,《柏拉图的〈会饮〉》,杨俊杰译,上海:华东师范大学出版社,2011,页18—23。

论:拥有护卫者天性的女人和同样天性的男人都可以做护卫者。识别护卫者的依据是形相,而非身体。苏格拉底用哲学的自然取代了身体的自然:

> 我们正在订立的法律是遵循自然。相反,现今流行的做法看来倒是违背自然的(456c)。

卢梭反对柏拉图,他仍坚持身体性自然的优先性,不惜使用这一极端表述:女人的"本来目的是要生孩子的"。《王制》根据灵魂性自然提出,只要具有护卫者灵魂类型的女人也要守护城邦。然而,现实生活告诉我们,女护卫者必会遭受身体与灵魂的明显冲突:身体的生育自然而然,而女人之为女人的特殊性恰恰显明于此;然而,哲学自然又使女护卫者在灵魂上与男护卫者没有差异。

那么,判断女护卫者的目的时,究竟该看身体特征,还是灵魂特征?女护卫者究竟该听从卢梭的建议去"生孩子",还是听从柏拉图去"守护城邦"?这是个两难:女护卫者比男护卫者多了一项艰苦的职责,守护城邦与生儿育女其实很难兼顾。比起在苏格拉底言辞中,在人类的实际生活中,身体性限制影响深远。在某种意义上,女护卫者是一个突出人类有限性的隐喻,女性身体的特性把人类身体与灵魂的冲突放大,作为终有一死的凡人,无论男女,身体限度在死亡之前都无法消除。

苏格拉底和格劳孔就第一次浪潮达成最终共识——既是可能的,也是最好的(456c)。不过,研究者们就第一次浪潮依然持不同的看法,布鲁姆和赫尔曾经就此展开论战①,这次论战涉及如何理解人的自然天性,进而如何理解城邦与哲学的关系。关于这个问题,施特劳斯指出,"女性戏剧"的要害在于:

> 苏格拉底首先表明两性的平等是可能的,也就是说,如果就从事各种技艺的天资而言,它符合两种性别所表现出的自然,然后,苏格拉底表明它值得追求。在证明这个可能性时,他显然抽掉了两种性别在生育方面的差异(455c—e)。②

施特劳斯看到,第一个浪头为言辞中的美好城邦制定的那个既可能又最好的法律,实则抽离掉了男女在身体上的差异:一方面是生育方面的生理差异,一方面是多次看似不经意提到的体力强弱差异(451d、455e、456a、457a)。通观《王制》的整体语境,柏拉图从未忽略掉身体与感官:在第三卷男性戏剧的部分,苏格拉底们找到的好的护卫者的天性是爱智

---

① Drew A. Hyland: Plato's Three Waves and the Question of Utopia, *Interpretation* 18, 1990, pp. 91—110.

② 施特劳斯,《政治哲学史》,李天然译,石家庄:河北人民出版社,1993,页36。

慧、有血气、敏捷和强壮（376c）；在卷七中，苏格拉底指出拥有最好天性的人就是那些既愿意完成身体劳作，又愿意完成大量学习与练习的人（535c）。

在第一个浪头的最后，苏格拉底称：

> 这些女护卫者必须脱掉衣服，因为她们将穿上德性，而不是衣服，而且，她们必须共同参与战争和其他护卫城邦的事，不许干别的事；不过，给这些女人的事必须比那些男人轻省一些，因为这个类弱一些。……这样说最好，现在和将来都是，有益的东西美好，有害的东西丑陋。（457a—b）

尽管"女性戏剧"论证的有效性依赖于故意忽略身体性自然，柏拉图不打算彻底贬低身体与感官。因为，柏拉图显然不是要在人间建立哲人王统治，身体性的自然贯穿三个浪头，提示哲学的限度。"女性戏剧"的最后提出，女性护卫者最终必须穿上德性，而非外衣。苏格拉底想要说明，对于幸福生活而言，常人所谓的那些好就像是那件体育训练引发争议的外衣，德性才是真正的好。

"女性戏剧"把城邦秩序最终导向德性，护卫者个人幸福生活与城邦的目的一致（387d、419a—421c、427d3—7、465b—466d、486b—d、491a—c、495a4—8、580b—c）。柏拉图努力为失序的城邦寻找秩序的尺度，这个尺度不在纷乱的感

觉和无限的欲望中,而在理性或德性中。在柏拉图看来,哲
学的政治使命不是直接投身现实政治,而是寻找正义的秩
序。衡量哲人的政治使命是否成功,并不在于对当下政治的
直接作用,而在于他所创立的新秩序在未来难以估量的漫长
人类经验中是否成功。

3. 卢梭的批判

卢梭是个敏锐的读者,他洞察到"女性戏剧"的要害,以
身体与情感反对柏拉图。《爱弥儿》直接效仿了卢梭心目中
"最好的教育论文"《王制》,但在很多方面是镜像式的效仿,
在许多关键点上,卢梭与柏拉图的选择针锋相对。卢梭首先
提出,存在两种目的对立的教育,一种是把人培养成一个人,
另一种是把人培养为好公民,他认为《王制》的目标是后者:

> 自然人为自己生活;他就是个整数,全体,只依靠自
> 己和自己的喜好。公民只是一个分数的分子,它的价值
> 取决于分母;他的价值取决于整体,也就是,取决于共同
> 体。(《爱弥儿》,上册,页11)

卢梭和柏拉图的共同起点是认识灵魂败坏前的原初自
然,分歧则在于对原初自然的不同判断。卢梭在《论人类不
平等的起源和基础》(下文简称《第二论》)的序言里说,人最

重要的知识是自我认识——"认识你自己",这个思想起点决定了卢梭思考的深度。

卢梭有意和柏拉图在《王制》中的教育方案较量,他认为柏拉图着眼于共同体的完善,牺牲了护卫者个体的幸福,理性和德性的完善没有给身体和情感留下余地。于是,他对柏拉图的"女性戏剧"的反驳基于以下两点:第一,柏拉图消除了"最温柔的自然的情感",消除了男女品格(de caractère)和性情(de temperament)差异;第二,柏拉图淡化男女身体方面的差异,实际情况是女性"身体柔弱",男性"身强力壮"。卢梭似乎打算以情感和身体为根基主张一种自然教育,反对柏拉图以理性为基础的德性教育。

倘若如此,卢梭首先证明感性比理性更自然。古典传统的观点是,人从呱呱坠地开始,就潜在地是一种理性动物,哪怕婴儿不能言说和思考、不会自如地运用理性,理性也潜在于他身上,人本质上是理性动物。《爱弥儿》明确提出截然对立的人性观:人原本(《爱弥儿》第一卷的阶段)并没有理性,人最先产生的是"自我意识"(《爱弥儿》第二卷的阶段),然后是体力,为运用体力才有了智慧,进而是行善作恶的能力。人最先有的是被称为"存在感"的私人感觉,因此,人首先关心保全自己。卢梭否认婴幼儿期是成人的预备期,他强调婴儿之为婴儿与成人之为成人同等完满,这个判断落实到具体教育原则上就是如今蔚为风行的观点:"应当把成人看作成人,把孩子看作孩子……",不应把成人作为培养孩子的

目的(卢梭,《爱弥儿》,页82),人生诸阶段是平等关系,而非
潜能与实现的关系。

柏拉图在"女性戏剧"依据"善"论证了理性主导的德性
教育,卢梭依据"自我保全"批判这种教育。自我保全是卢
梭从霍布斯、洛克那里继承的理论前提。柏拉图-亚里士多
德传统当然也承认,人有保全生命的自然倾向,但更强调人
类的自然天性倾向于理性完善。区别在于,自我保全着眼于
最低级的自然需求,求知朝向最高级的需求。古典教育着眼
于培育人性朝向德性,自然教育追求"把人当作其本来的样
子"(《社会契约论》卷一)。①

"本来的样子"所推崇的"好"归根结底是以身体为先的
好。《爱弥儿》描述理性在个体成长过程中的起源,《第二论》
描述了理性在人类历史发展进程的起源,卢梭在《第二论》论
证说,作为人类"本来的样子"的自然人是这样区分好坏的:

> 在这个世界上,他能够认知的唯一的"好"就是粮
> 食、雌性和休息,而他惧怕的唯一的"恶"就是疼痛和饥
> 饿。(《第二论》,页46)②

---

① Leo Strauss: *Seminar in Political Philosophy: Rousseau* 1962, Edited and with an introduction by Jonathan Marks, 2014, p. 113. http://leos-strausstranscripts.uchicago.edu/本书中《社会契约论》引文出自何兆武译本,卢梭,《社会契约论》,何兆武译,北京:商务印书馆,2005。
② 卢梭,《论人类不平等的起源和基础》,邓艳冰译,浙江:浙江文艺出版社,2015。

　　这就颠转了古典立场对于灵魂与身体的基本看法。古典立场并非没有看到身体限制着理想德性政治的现实可能性。从三次浪潮的开端"女性戏剧"起，身体限度始终贯穿于三次浪潮，不断提示完美政治的现实限度。尽管如此，古典立场依然坚持，人的自然目的是理性和德性的完善，这才是政治共同体的基础。柏拉图指出，德性不仅是共同秩序的基础，也是城邦中的每个个体幸福生活的根基，不仅对护卫者来说是这样，对赚钱阶层也是如此，因为，欲望过于放纵可能导致无法苟全性命，根本就无所谓幸福。

　　柏拉图在书信中透露出对现实政治的悲观态度，同时也表达了试图解决人类生活秩序问题的抱负。在柏拉图看来，唯一出路是借哲学看清楚个人正义与城邦正义，而若想在实践层面上解决现实问题，只能靠机运襄助，哲人与王者合一（《书简七》326a—b）。"哲人王"的实现只能凭"机运"和"神意"，这几乎等于承认，古典政治理想付诸实践的可能性微乎其微。三次浪潮暗藏的身体限度不断提醒人们，哲人王统治在可欲性与可能性上都值得怀疑，也正是基于这一点，现代哲人反叛古典理性主义。

　　卢梭接续的西方现代政治传统认为，可以从人类实际状况，而不是正义理念出发，谈论一种可实现的好政治，也就是说，可以直接从人类在历史上实际生活过的自然状态寻找公民社会的原则。卢梭认为，自然状态下的初民只有求生本能，不具有趋向理性完善的本能。他认为婴儿的成长过程也证明了这一点:在人的成长过程中,理性只是"人的能力之一,甚至是最晚获得的能力之一"。卢梭的观点是,理性根源于前理性欲望,由外部自然环境塑造。因此,他在《第二论》花费大量篇幅极力论证语言和理性的产生是个偶然事件,以此支撑他的主张——自然人既不是社会性的,也不是理性的,"他孤身在人类社会之中,他只依靠自己"。为了人的幸福,教育要顺应自然本性,这种本性不是理性,而是保全自我。

然而,人的这种自然状态在很大程度上也只是个假设,而非历史事实。关于自然人的生活状态究竟是什么样,卢梭本人就曾给过两个版本的描述:一方面,他在《第二论》模仿卢克莱修《物性论》对人之起源与发展的描述,给自然状态打上一层田园牧歌的柔光;另一方面,他在《爱弥儿》中引述普鲁塔克"论食肉"野蛮人的话,呈现出残暴血腥的自然状态,这表明卢梭内心其实承认霍布斯所说的自然状态下的人的残酷与愚蠢。

无论如何,既然卢梭为政治生活找到的基础不是灵魂的完善,而是身体的保全,似乎接下来顺理成章应从生育论证男女自然差异,毕竟这是男女身体层面最自然、最明显的差异。《爱弥儿》卷四要开始关注爱弥儿的爱情和婚姻,涉及如何选择和培养爱弥儿的伴侣。卢梭的女性教育问题出现在这个背景下,他的基本观点是,爱弥儿必须避免沾染包括习俗和宗教在内的任何偏见,苏菲则必须依照习俗和宗教来培养。因为,按照卢梭的设计,女人和婚姻是爱弥儿进入社会的重要通道。换言之,卢梭的自然人并未把女人包含在内,女人在这个方案中更多是政治生活的象征。

有趣的是,当论证进行到必须讨论男女差异时,卢梭选择把笔墨用在描写情爱中的两性关系,尽管他也提出女人生来就应该生孩子,却没有重点论证生育问题。事实上,情爱中的两性关系并不如生育更加普遍,卢梭引以为据的种种恋爱现象更多来自于当时的欧洲,甚至主要是法国的社会风尚——男人在女性魅力的蛊惑下产生欲求,女人为了获得男人认可卖弄风情。他认为这些现象足以说明女人比男人更倾向于社会评价,更依赖于习俗,也就天生更具有社会性。正是基于这个现象,他辩称女人应承担起自然人进入社会的功能,接受习俗教育。

卢梭的论证显得忽视了男女在生育问题上的自然差异,这绝不是疏忽大意造成前后说法的矛盾,而是深思熟虑后的有意回避。卢梭考虑的是,两性关系是一种必须和他人产生的关系,假如性也和自我保全一样自然,就会威胁到他对人性的基本预设。因此,他必须通过重新解释爱欲与生育来强化自我保全的优先性。他必须强调,性对人来说不是最根本的自然需求,沙漠中的隐士根本不需要性,爱情比性更不自然,当然也就更不会威胁自我保全的首要地位。

归根结底,卢梭的目的是彻底维护人的极端孤独性和非社会性,也就是他的个人主义立场——个体之为个体首要的

关注是自我保全,其他事情都是派生性的。在传统看来,性
欲望的满足从属于延续物种的自然目的;对霍布斯来说,繁
育后代只是满足性欲的副产品,本身并不具有内在意义。卢
梭要证明人生来是一种孤独的存在者,只有孩童时期才偶然
需要依赖他人,即便依赖性带出了文明社会,人的本质仍然
是非社会性,他并不需要一个伴侣。

　　卢梭根据政制理想的现实可能性批判《王制》的方案,
并重新解释了人的自然天性。我们必须慎重考虑,这种人性
理解是否真的比古典的人性理解更加自然? 奠基于这种人
性理解的政治方案究竟在多大程度上可以实现? 这个方案
的理想性与现实性是否都比古典传统更好?

四　爱弥儿能成为好公民吗?

1762年,卢梭发表了一生最有分量的两部作品——《社会契约论》和《爱弥儿》。卢梭写过很多书,这些书题材广泛,风格迥异。尽管它们笔调轻松、颇具文采,解读起来却相当费力。我们阅读卢梭时会遇到种种麻烦,比方说,人们很难确定卢梭奇特的个人性情究竟在多大程度上影响他的立场。在所有麻烦中,最令读者困扰的是数目庞大的作品集中俯拾即是的矛盾说辞。

按照卢梭自己的说法,阅读这些作品其实有迹可循,它们依据特定次序展开,有个贯穿始终的内在线索。在《卢梭评让-雅克》中,卢梭借一位假想的对话者之口提示读者,若想把握他思想的体系,必须首先致力于《爱弥儿》,因为这部作品是他思想体系的完成。卢梭的《社会契约论》和《爱弥儿》"互为表里",这两本书集中体现了他的主要观点,篇幅

较小的《社会契约论》是长篇巨制《爱弥儿》的附录。前者设
计了正义社会的新原则,后者为这个社会培育新人。① 这种
安排依据的是一个常识性认识:

> 任何一国的人民都只能是其政体的性质打造而成
> 的。(《忏悔录》)②

政体塑造人民,要理解一种政体,也需要理解它的人民。
作为卢梭十年一剑的心血之作,直接探讨政体问题的《社会
契约论》传播最广泛、影响最深远。与之相比,《爱弥儿》多
少有些被低估。正如卢梭预言,我们如今把《爱弥儿》当成
儿童教育小说,或哲学家的教育方法论。这种流俗见解有合
理性:在一定程度上,我们今天就生活在卢梭等思想家创制
的社会中,他设计的教育方案经过数代人的发扬光大,早已
成为百姓日用而不知的常识。但当我们对今日种种问题进
行反思时便会溯其源头,考察现代教育的理念及其理论根
据。既然卢梭把《爱弥儿》提升至思想体系完成的高度,那

---

① 本章关于《爱弥儿》的理解主要受益于施特劳斯 1962 年卢梭
研读课。施特劳斯的卢梭研究影响深远,其弟子布鲁姆(Allan Bloom)
的《爱弥儿》英文版如今是英语学界通行译本,再传弟子凯利(Christo-
pher Kelly)是《卢梭著作全集》的合编者,古热维奇(Victor Gourevitch)、
巴特沃斯(Charles Butterworth)等卢梭研究者也深受其影响。史密斯称
"施特劳斯重新恢复了一种对卢梭政治思想的严肃兴趣"。

② 卢梭,《忏悔录》,范希衡译,北京:人民文学出版社,1982。

么,我们在阅读《爱弥儿》时,就需要超出书中所云具体育儿经验,面对作者根本意图——为新社会重新塑造新人,从而反思这种教育及背后政治构想的本质。

卢梭明智地预见到《爱弥儿》易被低估,他提醒人们:

> 它[《爱弥儿》]可以说是我们人类的历史。只有你们这些使人类趋于堕落的人才把我这本书看成小说。(《爱弥儿》,下册,页690)

这本书从人之初谈起,从哲学层面探讨"人类天性"与"人类历史",这是在为接下来的政治讨论和教育理论奠基。卢梭反复提醒读者注意,假如把《爱弥儿》误读为写给教师或父母看的训练指南或育儿宝典,就辜负了作者的一片苦心,这本书实际上是在向"智慧之士"讲话。

1. 与《王制》争锋

在卢梭的心目中,首要的智慧之士是柏拉图,这意味着,在诸多关键问题上,卢梭与柏拉图在同一层面思考。卢梭在《爱弥儿》开篇区分两种对立的教育,这种对立尤其体现在教育目的:一种把人培养成一个人,另一种把人培养为好公民。在卢梭看来,柏拉图的《王制》是培养好公民教育的范本,是古往今来"最好的教育论文"(《爱弥儿》,上册,页

13）。

　　卢梭认为俱往矣，《爱弥儿》可以与"最好的教育论文"争锋，毕竟古典时代一去不复返。《王制》讨论一种"护卫者教育"，这种教育考虑的是，如何培养捍卫共同体利益的特定阶层，这个阶层被称作"护卫者"。柏拉图首先区分护卫者与城邦中其他人，认为他们天生在灵魂类型上不同。护卫者显得像一种理想人格，最显著的特征是，这种人身上利己与利他的冲突降到了最低程度，护卫者的个人善与共同善完全一致。不过，包括卢梭在内的几乎所有人都会认为，这种一致不过是牺牲个人利益，使个人善让位于共同善。柏拉图反复强调，这类人天性如此，当然，他也承认，这种天性十分罕见。

　　《王制》的教育始于遴选人才，关键的第一步是辨识"何种自然适合守护城邦"（374e）。后续教育的具体步骤都是针对这种特殊天性，让潜在天性更好地发挥，最终实现守护城邦的自然目的。这种教育观背后是古典目的论传统的德性观，这种观点认为，守护城邦是护卫者的自然天性，这种自然天性趋向于的完善就是守护城邦，因此，护卫者的幸福不同于常人的幸福。护卫者与常人的自然差异是这种教育的关键（《王制》420b—421c）。护卫者天性是"爱智慧、有血气、敏捷和强壮"（376c）。这里尤其强调理性能力，这种潜在的理性能力通过音乐发现关于比例的学问，进而通往恰当的逻各斯，理性确保灵魂和谐（401d—402a）。在柏拉图的灵魂三分中,理性控制血气和爱欲的灵魂才是有分寸的灵魂。

卢梭反对柏拉图,指出作为个体,人的目标本是成为自然人,社会却要求人成为好公民。自然人要求利己,公民要求利他,这两种诉求在根底上是冲突的:

> 自然人为自己生活;他就是个整数,全体,只依靠自己和自己的喜好。公民只是一个分数的分子,它的价值取决于分母;他的价值取决于整体,也就是,取决于共同体。(《爱弥儿》,上册,页11)

柏拉图让少数护卫者担负起利他的职责,卢梭认为,从现实角度考虑,这个方案既不可实现,也不好,完全可以找到更好的替代方案,不需要某个阶层牺牲私利,还能让每个人达成个人完善与社会完善的一致。古典教育的关键是,护卫者有着理性主导的卓越天性。卢梭着眼于普罗大众,认为只要方法得当,每个**常人**(*un homme vulgaire*)都可以培养为自然人与好公民的统一。所以卢梭比柏拉图的抱负更大,"柏拉图只不过是要人纯洁他的心灵",对特定类型的灵魂培育净化,卢梭从改造人性开始,通过改造常人的天性,让每个社会成员都能既保留自然人之自由,又成为优秀公民,乃至政治领袖。他在《爱弥儿》卷一开篇盛赞斯巴达立法者吕库古斯的大胆,比起柏拉图那个"言辞中的城邦",吕库古斯不仅**改变人性**,还付诸实施。卢梭也要改造人性并付诸实施:先

挑选普通天性加以改造,再让他成为新社会普罗大众的教育范本推而广之,最终完成设计与施行一项新政制的宏图伟业,于是:

> 我会选一个才智平常的孩子……常人是必须被教育的人,唯独他们所受的教育可以作为他们同伴的教育范本。其他人才能找到他们的方式。(《爱弥儿》,上册,页35)

用今天的话说,柏拉图的教育是精英教育,我们这些今时今日的普通人当然更亲近卢梭的大众教育。毕竟卢梭向我们许诺,如果像爱弥儿那样,接受一种名为"自然教育"的新教育,就能守住个人与社会之间的完美界限,既能捍卫私人自由,又可以有限地履行社会责任,这个两全其美的方案的确极富诱惑力。

卢梭的初衷当然不是替每个普罗大众谋求个体自由,他首先是为了《社会契约论》的新政制。民主政制要求每个社会成员必须具备充分的理性,最好还要通晓政治技艺,这样人民才能在政治事务上做出正确决断,民主政制才能顺利实现。卢梭认为,只要着手改造人性,这个目标就有可能实现:

> 任何敢于着手创建人民的人,必须自己觉得有能力

做到所谓的改变人性。(《社会契约论》,页54)

接下来的问题是,如何改造。卢梭的答案是,用"自然教育"改造人性。自然教育是一种理想状态下的教育实验,前期的关键是排除一切社会因素的干扰。这是一种类似现代实验科学方法的教育实验,实验科学的方法认为,设置一些可控的人工条件更有助于探索自然,与之相对的亚里士多德式自然学则认为,应当从自然状态下发现事物本性,人为限制反而会干扰和破坏对自然的认识。对于人的教育而言,社会因素恰恰是真正的自然状态,亚里士多德关于人是政治动物的判断基于人类生活经验的基本事实——人生来就在城邦之中。在这个意义上,"自然教育"才是一种人为实验,需要借助大量人工干预排除社会的外部影响,给爱弥儿的成长设定一种理想状态。

根据《爱弥儿》英译版的译者布鲁姆在导言中的概括,卢梭的具体方案是,在前三卷讨论如何抚育出一个"**文明野蛮人**"(civilized savage),即自然人,这是一个以鲁宾逊为典范的单子化个体;后两卷依次通过公民宗教、周游列国和爱情婚姻把单子化个人带回人类社会,最终使他能凭私人品性担负起社会责任。①

---

① Rousseau, *Emile or On Education* (Includes *Emile and Sophie, or The Solitaries*). Vol. 13 of the Collected Writings of Rousseau. Translated and edited by Christopher Kelly and Allan Bloom. Hanover, NH: University Press of New England, 2010.

2. 哲学与自然人

卢梭方案的第一个困难正是源于他从"自然人"概念推论的人类本性的定义——非理性与非社会性。《爱弥儿》始于经典的卢梭式论断：出自造物主之手的自然就好，人毁了一切。自然好，人为坏，这个论断是理解全书的关键。

在前两章中，卢梭重新定义了人类天性及其目的：他首先证明感觉优先于理性，由于人生之初最先萌发的是生存感觉，理性与社会性就不是人的原初自然，卢梭找到一种被称为 *amour-propre*［自恋］的激情，认为这种激情才是人类一切德性与恶行之源头。卢梭第二步证明了非目的论的人生观——对于人的幸福生活而言，比起未来难以预料能否实现的理性完善（即亚里士多德的潜能之实现），更重要、也更容易得到的是此时此刻的生存感觉。童年不再被视为成年的预备期，就儿童阶段与成人阶段都可以达到同等自足的生存感觉而言，儿童与成人平等。

在《爱弥儿》卷一的结尾，卢梭援引奥维德概括人生第一阶段的特征："他活着，但意识不到他自己的生命。"这个阶段的人没有情绪、想法，甚至连感觉都没有，仅仅活着。卢梭从这里看到人生的本质，"活着"是他讨论人性与幸福人生的起点与核心：

> 别的动物只拥有自我保全所需的力量,唯有人拥有
> 的更多。……如果一个人满足于活着,他就获得幸福;
> 他也就会善良,因为,他有什么东西需要靠作恶来获得
> 呢?(《爱弥儿》,上册,页85)

古典传统认为,幸福在于追求不同等级自然需求的满足,这些需求涵盖范围广泛,最基本的是自我保全,较高层级的还有追求荣誉和知识。古典最佳政制理想着眼于高的需求,也就是柏拉图《会饮》中第俄提玛所谓的最高层级爱欲——对知识之美的惊鸿一瞥。与之相反,现代传统出于一种非常现实的理由着眼于自我保全——比起少数人才有的求知欲,自我保全才是人之大欲,更具有普遍性,也就更适合作为共同体的基础欲求。卢梭改造人性的前提是接受霍布斯的观点——自我保全是人实现幸福的根基。

但卢梭又是迟疑的,他认为,如果人生的一切仅仅围绕保全性命,实在称不上幸福。于是,他要给自我保全重新寻找一个听起来更温情的理由——生存感觉。卢梭论证说,人想活着,这个本能也是有理由的——生活本身是甜蜜的,值得欲求,人才要保全性命。人对生活产生这种本能的感觉,它是人的第一感觉,也是人性的基础感觉,卢梭称之为"甜蜜的生存感觉"。卢梭认为,自我保全由甜蜜的生存感觉引导,所谓幸福就是人体验到甜蜜的生存感觉。

《爱弥儿》的第二卷讨论"人生的第二个时期"。卢梭提

出,"野蛮的教育为了不可靠的将来而牺牲现在"(《爱弥儿》,上册,页80),而自然教育关注现在。卢梭口中的"野蛮的教育"是传统教育,他的反对理由有些偏激——命运无常,人把握不了生命的长短,也许一个孩童根本活不到将来,于是现在才最重要,人要活在当下,在眼前这一刻体验甜蜜的生存感觉。卢梭不赞同亚里士多德以"潜能-实现"为基础的教育论,亚里士多德把人生看作趋向某个目的的连续过程,认为人的本质是理性,婴儿潜在地是理性动物,教育的目的是让人的理性日趋完善。卢梭要尽最大可能保护自然性和个体性,就要反对理性主义教育传统,宣布人的本质是非理性和非社会性的,反对古典目的论式人性观和教育观。

卢梭在《第二论》有过类似的断言——人的思考状态是一种反自然状态,理性发展受惠于激情。卢梭用情感与欲求取代古典传统理性的优先地位,还把情感与欲求也溯源至自我保全。他在这篇短制中提出,各民族的理性发展取决于自然环境,这样一来,理性的产生和发展被淡化为自然触发的偶然事件,理性就被彻底排除出人性的内在本质(《第二论》第一部分,第20段)。他还把民族性的形成归结为饮食习惯、气候等偶发的自然原因,而非理性的必然选择(《第二论》第二部分,第16段)。在《致博蒙书》中,他也明确提出,理性并不是人的天性,"因为人的能力之一,甚至最晚获得的能力之一,是理性"。

《爱弥儿》中延续同样的态度对待理性,理性出现在人生第二阶段,这个出现也不是必然的。卢梭降低了理性的地位,理性因欲望和偶然而生,教育应保护人的天性,这种天性是非理性的。卢梭的确如他自认为的那样,比柏拉图更乌托邦,他颠覆了传统人性论。柏拉图说,和谐的灵魂应该由理性控制血气与爱欲,卢梭把理性驱逐出灵魂的本质。对待理性的不同态度决定了卢梭式自然教育与古典式自然教育有着本质差异,卢梭接续霍布斯传统,宣告激情的胜利。

卢梭对理性的这种看法决定了自然教育更看重"避免去做任何事情",而不是培育公民需要的理性能力。必须借助《爱弥儿》开篇句理解这一教育原则:人为是坏的,教育的首要问题就是避免人为的任何事情,这是一种**放任主义**(laissez-faire)原则,卢梭称之为"消极教育"。《社会契约论》提出,野蛮人的欲望容易满足,过得很幸福,因为自足意味着无须参与劳动分工,这样就能免除社会性要素,彻底保持个体独立性。所以《爱弥儿》也把幸福称为一种消极状态,教育是为了幸福生活,而所谓幸福或不幸,归根结底只不过是**欲望与能力相称**(《爱弥儿》,上册,页83)。卢梭的幸福观让他显得像个伊壁鸠鲁派,提倡清心寡欲、无为而治就会幸福。

然而,事情或许并不这么简单,卢梭要颠覆传统教育理念、改造人性,当然不可能真的放任自流。相反,他必须完成一些非常艰巨的任务。在绝大多数情况下,人出生在政治共同体,时刻受各种习俗和偏见影响,卢梭认为,这些习俗和偏见是人为性的,那么,要想尽可能去除人为性,前青春期教育的关键就是保护爱弥儿免遭偏见侵袭。这个想法听起来很有道理,实施起来不容易,只要存在教育者,教育就会有人为性,任何人类意见都是不同程度上的偏见,人的成长过程一定会受某种偏见影响。

卢梭非常明白这一点,他并不是要培养彻底摆脱人为性的人,而是在实施霍布斯在《利维坦》的建议:只要常人的脑子像白纸一样尚未受到传统权威沾染,公共当局就可以在上面印上任何想印的东西。卢梭当然有他想印的东西,放任主义只是自然教育的第一步,千方百计确保爱弥儿不受旧权威和偏见的沾染,最终目的不是排除一切偏见、彻底放任自由。为清除旧权威,自然教育必须付出更多人为努力,其中最典型的是,爱弥儿自幼被置于人为制造的"真空环境"培养,尽可能摆脱包括父母亲友在内的影响。

人容易在各种偏见的干扰下偏离自然,一个人若能彻底摆脱偏见,就可以实现自由。这一点柏拉图也会接受。区别在于:古典传统认为,最高意义上的人之完善是一种纯粹的理性生活,也就是哲学生活,这种生活的重要特征就是摆脱偏见,同时,古典传统也承认,公民生活必须凭靠各种偏见,其中最重要的是宗教信仰。卢梭选择古典意义上的哲学生活培养爱弥儿,麻烦在于,古典意义上的哲学生活对智性和性情的品质有着极高要求,爱弥儿只不过是个资质平平的常人,自然教育目标也不是培养哲人,而是自然人。

自然人最终仍是新社会的公民,自然教育不是要摆脱一切偏见,而是要有选择地摆脱旧偏见和旧信仰。这个去除传统偏见的过程包藏了致命的隐患——它移植了传统哲学的怀疑精神,这就令卷四、五公民教育能否成功变得十分可疑。

卢梭给爱弥儿印制的第一个新东西是"财产的观念",财产观念比自由观念更具优先性。卢梭用一个长达两页篇幅的冗长故事解释了"财产观念是怎样自然而然地回溯到第一个以劳动占有那块土地的人的权利的"(《爱弥儿》,上册,页115—118),紧接着他又讨论了契约、自由与义务的关系,其中也涉及道德问题。他尤其关注一种名为慷慨的美德:

> 要使他们从经验中知道,最慷慨的人往往能占很大的便宜。(《爱弥儿》,上册,页125)

他在这里引用了洛克的话,而这几乎是柏拉图《王制》卷二的对话者们期待苏格拉底去反驳的那种典型的流俗正义观——美德能给人带来最大好处。卢梭根据这种流俗正义观宣告所有传统教育法则——尤其是关于德性与道德的那些——全是谬误。于是,新道德原则以维护每个人的个人利益为出发点:"绝不损害别人",这正是"1789宣言"的第四条权利。如果其他道德不从属于它,就是"虚伪的、矛盾的和有害的"(《爱弥儿》,上册,页127)。这就宣告了个人权利的优先地位。

在前三卷,卢梭先改写了传统人性观,否认理性和社会性,又设计了新道德原则,最终表明权利优先于义务。接下来的问题是,这样的一个新人能否果真如卢梭所愿,顺利进入社会成为最佳的公民榜样?

3. 德性与好公民

《爱弥儿》的三个小标题全部集中在后两卷,它们依次是"信仰自白"(卷四)、"苏菲或女人"(卷五)和"游历"(卷五)。它们是让-雅克为确保爱弥儿顺利进入公民社会安排的三种教育。从第四卷起,爱弥儿进入人生的新阶段:

> 这就是我所说的第二次诞生,到了这个时候人才真正地开始生活……我们所实施的教育,到这个时期才开始哩。(《爱弥儿》,上册,页317)

这里暗示爱弥儿此前的教育和人生都与这里截然不同。所谓的第二次诞生,指的是十五六岁的青春期,标志是性欲望觉醒。两性关系的出现意味着迟来的社会性已到非登场不可的地步。于是,卢梭对人之社会性的论述始于对人类情爱的论述。卢梭认为,人类情爱根源于 *amour-propre*[自恋],一种自我之爱,不过,他区分两种自我之爱——*amour de soi*[自爱]和 *amour-propre*[自恋],前者是一种只关乎自己的自爱,后者是涉及到与他人攀比的自爱。后者带有负面意味,也就是骄傲和虚荣：

> 自爱所涉及的只是我们自己……自恋则促使我们
> 和他人进行比较……敦厚温和的性情是产生于自爱，而
> 偏执妒忌的性情则是产生于自恋。（《爱弥儿》，上册，
> 页 320）

可卢梭认为，这种负面激情是"所有激情中首要且最自
然的"，因为，它首先与自我保全密切相关。爱国、立法等激
情都被卢梭归为自恋。其次，它出现在人必须考虑他人的情
况下，也就是攀比行为出现时。男女情事处处潜藏着攀比与
竞争，卢梭把人类自然情欲也解释为自恋的一种现象。情欲
诱使人缔结婚姻、组建家庭，家庭又构成了政治共同体的最
小单位，因此处理情欲问题对于重新解释人的政治生活而言
是关键的一环。卢梭必须让情欲从属于自我保全，也就是
说，必须彻底改写传统对情欲的理解。传统与常识观点会认
为，人类情欲是一种为繁衍后代产生的自然本能，卢梭却说，
人的本性中并不必然包括这种需求：

> 他们的欲望并不是一种身体需求；性欲望并不是一
> 种真正的需求……我越是反思这个重要的决定性时
> 刻……我越是说服自己一个在沙漠中抚养长大的孤独
> 者，没有书籍，没有教导，没有女人，他会至死都是一个

贞洁的人，无论他变得多老。（《爱弥儿》，上册，页289）

于是，为把非社会性坚持到底，卢梭先把理性剔除出人的本性，现在又把爱欲也排除出去。他力图证明，人生来是孤独而又自由的存在者，只在孩童时期偶尔需要依赖他人，即便这种依赖性带来文明社会的出现，人的最终本质仍是非社会性。这就是卢梭的"个人主义"，他必须坚称人的首要关切不是族类繁衍，而是个体保全。如此一来，卢梭再想如传统习俗那样，借助爱欲建立道德人伦必会遭遇困境，因为其自然性已被取消。

这样一来，卷四、卷五进入政治生活的任务就异常艰难，为了顺利参与政治生活，他必须具有政治德性，但他此前接受的教育没有这个内容。卢梭强调，公民必须有爱国主义德性。他所谓的政治德性特指民主共和国的公民德性，这个观点接续了孟德斯鸠的德性论述，即作为民主政制特征的德性。① 同时，卢梭坚持认为，进入社会后的爱弥儿仍要保有自然人的自由德性，保留前三卷教育的成果——避免一切偏见。

这里需要注意，卢梭的"德性"概念同时包括自然德性、政治德性和道德德性，自然德性的优先性决定了后两种德性

---

① 卢梭与孟德斯鸠在政治德性问题上的关系，参见刘小枫在《设计共和》第一章"卢梭与民主共和设计"的论述。

很难与之调和。自然德性在《第二论》中被形象得称作"灵魂的生气与力量",指的是野蛮人的原初自由,它为每个个体"做自己"的自由奠基;政治德性和道德德性却主要体现在与他人的关系中。卢梭努力让德性的三层含义达成和谐,但同时他也知道这项任务很难成功,这个矛盾贯穿于他思想的始终。

避免一切偏见的人,在某种意义上讲,获得了古典传统认为哲人才可能获得的自由心智,而古典传统认为,哲学意义上的自由心智不会心甘情愿地认为任何现存政制是完美无缺。公民德性与个人德性的矛盾始终存在,如何让自由心智认为现存政制完美无缺、毫无瑕疵,毋须经受哲学式审查,并发自内心地热爱它,仍是卢梭面临的最棘手的麻烦。

《社会契约论》的最后一章"论公民宗教"尝试解决这个问题。卢梭讨论了每个共同体特有的习传宗教,他指出所谓爱国,就是遵从共同体的习传宗教。这意味着,支持爱国德性的是一种宗教式虔敬,而非哲学式怀疑。卢梭需要找到一种合适的宗教。他看到,敬奉各自的神明会导致城邦间的诸神之战,而普世宗教又会削弱爱国主义,同时,世俗权力与精神权力分离会削弱政治体的主权。

卢梭认为,公民宗教是结束这种乱象的好办法,因为它"把对神明的崇拜和对法律的热爱结合在一起"。但是,它也有个明显的坏处——"建立在谬误和谎话的基础之上"(《社会契约论》,页166—183)。卢梭毫不避讳承认公民宗教就是谎言,可是如此一来,自由心智如何心甘情愿地接受谎言是卢梭最大的麻烦。卢梭在《山中书简》说,"萨瓦神父的信仰自白"是他关于公民宗教的具体论述,按照他的设计,一直按自然人来培养的爱弥儿接受萨瓦神父的道德教诲后,可以顺利地接受公民宗教进入社会。

按照卢梭在《社会契约论》的设计,"在各个国家初创时,宗教是用来作为政治的工具的"(《社会契约论》,页52)。立法者可以借助公民宗教弥合个人德性与政治德性的冲突,公民宗教一方面为政治共同体完成神圣奠基,另一方面给个人塑造"公民精神",这种公民精神不是为了个人,而是为了公民社会。问题仍然是,避免一切偏见和权威的早期教育让哲学式怀疑精神根植于爱弥儿的心智。才智平庸的爱弥儿不接受旧宗教,同样也很难接受公民宗教,因为"哲理思辨必然会把任何宗教视为审视对象"。最麻烦的是,爱弥儿才智平庸,也没有按照古典教育传统那样专门训练理性能力,于是,怀疑精神欠缺智慧的保护,充其量是一种稀里糊涂的怀疑姿态,很可能沦为貌似自由的精神狂热。

卢梭提供的第二个进入社会的通道是家庭,但在组织家庭之前,导师让爱弥儿先去游历,亲身了解各国政制,以便"对政治制度作公正不偏的研究"(《爱弥儿》,下册,页773)。卢梭在注释中说,这部分提炼自《社会契约论》,是《社会契约论》的纲要(《爱弥儿》,下册,页780),这十余页篇幅是《社会契约论》的精要。《爱弥儿》的这个纲要正好缺

少《社会契约论》的一个重大主题——"论立法者",这就引出一个关键问题:

> 可爱的爱弥儿……你还没有担负向人类阐述真理的艰巨使命,你应当到他们中间去同他们一起生活,在同他们的亲密的交往中培养友情,为他们行好事,做他们的模范;对他们来说,你的榜样比我们所有一切的书籍都更有用处,他们亲眼看到你所做的好行为,将比我们所说的一切空话更能感动他们的心。(《爱弥儿》,下册,页801)

卢梭最终承认,"你"与"我们"根本不同,"我们"(让-雅克们)是著书立说、阐述真理的立法者,"你"(爱弥儿)是立法者制作的范本,归根结底是"他们"(众人)的一员。让-雅克要求爱弥儿进入社会,承担起社会责任。可是,远游归来的爱弥儿宣称,自然教育让他远离偏见,他的终极诉求是自由,他只受"需要的法则"——即自我保全的约束:

> 不论我是穷是富,我都要保持我的自由。我不只是在这样的国家和这样的地方才过自由的生活,我在世界上的任何一切地方都要这样。我是把一切偏见的束缚都打破了的,我只知道服从需要的法则。(《爱弥儿》,下册,页798)

对此，让-雅克回答说：

> 不管在什么形式的政府之下，都是没有自由的，自由是存在于自由的人的心里的，他走到哪里就把自由带到那里。(《爱弥儿》，下册，页 799)

让-雅克和爱弥儿都追求自由，卢梭在这里暗示，两种自由不尽相同。面对任何形式的政府的束缚，爱弥儿们的第一反应必定是指责其妨碍个体追求自由的最高权利。让-雅克却深刻地懂得，任何形式的人类政府都不可能满足这种诉求。让-雅克式自由是一种内在自由，一种私人的内心感受，也就是"甜蜜的生存感觉"。它本质上是一种升华了的自我保全，是一种自足带来的幸福感，人"满足于活着，他就获得幸福"。它与古典意义上的幸福生活相去甚远：古典意义上的自足是一种理性道德的自足，落实在日用常行就是人能理性地指导自己的生活，自足之人不依靠他人命令的权威就足以生活得很好。

尽管卢梭并不否认，理性是生存感觉的前提，尤其是，他在最后一部作品《一个孤独者的遐思》中提升了生存感觉的品质，将最高意义上的生存感觉描述为孤独者的"遐思"，理性推论是孤独者把握生存感觉的工具。但是，理性仍次于生存感觉。遐思看似几近于古典沉思，共同指向内在自由，然而，二者对"好"的理解完全不同。古典沉思用理性把握最普遍的、共同的好,哲学探究的对象包括自然,也包括自然中的人类生活,哲人通过思考这些事物理解好。沉思活动的各种结果都可以在爱智者内部互相分享,沉思不是彻底的属己之物。而卢梭心中最高层面的善就是个体的生存感觉,这是一种极度私人化的东西,根植于一个人对自身存在的感受,这也正是卢梭坚持个人主义的最深层理由。

正是由于强调生存感觉,坚持一种升华了的自我保全的根本优先性,卢梭站在了爱弥儿们一边。自由是每个个体都可以感受到的内在生存感觉,尽管卢梭也区分了遐思和其他生存感觉,但每个个体的生存感觉是平等的,常人与哲人无异,在这个意义上,让-雅克的自由亲近爱弥儿的自由。这种自由是每个人纯粹属己的特殊感受,不可传达给他人。这最终意味着,每个人都可以依据自己的内在感觉各行其是。

于是,生存感觉上的平等实际上掩盖了爱弥儿与哲人的智性差异。如卢梭所说,经过自然教育的爱弥儿不会成为哲人,但我们必须注意,一种怀疑精神已经在他心灵深处生根发芽。不难预料,自然教育推而广之后会塑造出许许多多个爱弥儿,他们将在个人自由与社会束缚的矛盾中艰难地挣扎,因为不同于理性沉思,个体感受很难不受纷繁的外部世界影响。悲剧的是,由于理性能力薄弱,爱弥儿们动用怀疑精神时,恐怕只能跟着感觉和激情随波逐流。

4.《爱弥儿》双重结局的蕴意

卢梭始终坚称,人的本质是非社会性,政治性违背人的
自然属性,如此一来,宗教-道德、爱情婚姻和政治生活的正
当性和有效性都被大大削弱。卢梭为进入社会的爱弥儿写
的两个不同结局隐隐透露出他的犹疑和顾虑。

第一个结局是,爱弥儿远游归来,让-雅克把自己对爱弥
儿的权威转交给象征着政治生活的苏菲,爱弥儿让导师放下
心来:"现在是应该你休息的时候了。"在这个大团圆结局
中,爱弥儿按计划进入政治生活,作为哲人的杰作成为世人
榜样(《爱弥儿》,下册,页801)。然而,数年后,卢梭又写下
续篇《爱弥儿和苏菲或孤独的人》。这个续篇以爱弥儿的口
吻给让-雅克写信:"很快上天不再护佑这座你不再居住其中
的屋子。"让-雅克离场后,由于命运突变和情欲放纵,家庭很
快解体,这象征着政治生活的破灭。卢梭坚持让爱弥儿强
调,无论命运如何,他都能从内在生存感觉获得幸福,为证明
内在生存感觉的效力,他还安排了一个苏菲幡然悔悟的突兀
大团圆结局。

尽管卢梭意识到,生存感觉并不足以确保现实政治成
功,甚至也不能在其中顺利实现,因此他对道德-政治领域持
保留态度。但他仍然试图传达,直面生活就能获得生存感
觉,这足以让我们觉得生命美好。卢梭认为,生存感觉就是

热爱生命,它激发人为保全生命发起的各种现实行动,其顶峰就是政治生活。

读完两个结局,同属常人的我们难免掩卷深思,接受过自然教育后应该何去何从。生存感觉是否果真可以保障幸福生活?面对圣彼埃湖美景,当然人人都可以如孤独漫步者一样,体验到甜蜜的生存感觉;然而,这种飘忽不定的感觉既非理性又非信仰,是否真的足以支撑常人的脆弱心智经受无常命运的考验?

尼采论教育的未来

五 尼采的表面与核心

——施特劳斯论《善恶的彼岸》

尼采对施特劳斯意义非凡。施特劳斯早年曾在一封私人信件中说,"从 22 岁到 30 岁,尼采……完全主宰了我的思想","对他思想中我能弄懂的东西我都深信不疑",同时,他在公开发表的作品中多次猛烈批判尼采:比如,在《现代性的三次浪潮》中,他指出,现代性第三次浪潮和尼采密切相关,他明确说"第三次浪潮"的政治含义就是法西斯主义;他还在《什么是政治哲学?》中斥责尼采"没有丝毫的克制",最终导致人们在具体政治活动上的两种极端态度——要么漠不关心,要么极端激进。激赏与批判,这两种态度给施特劳斯研究者们在理解施特劳斯与尼采关系问题上造成干扰。

临终前不久,施特劳斯写下了《注意尼采〈善恶的彼岸〉的谋篇》(1972 年 3 月至 1973 年 2 月),这是他学术生涯中唯一专论尼采的论文,被他本人收入生前最后一部文集《柏拉图路向的政治哲学研究》,他还把此文编排在这本书的中心位置。作为施特劳斯唯一一篇正式讨论尼采的学术论文,《注意尼采〈善恶的彼岸〉的谋篇》(后文简称《谋篇》)无疑是理解施特劳斯与尼采关系的重要文献,在尼采的众多作品中,施特劳斯选择《善恶的彼岸》作为讨论对象。

然而,《谋篇》一文言简义丰,如果没有对施特劳斯与尼采这两位思想家在一定程度的把握,读起来就颇为吃力。比如说,文章首尾两句是箴言式的断语,令人深感困惑:开篇首句是,"我一贯认为《善恶的彼岸》是尼采最美的作品";全文尾句则是,"尼采的解决方案是**用高贵的自然取代神圣的自然**(die vornehme Natur ersetzt die göttliche Natur)"。

所幸的是,施特劳斯在这篇论文写作的同时,恰好正在圣约翰学院开设两个学期的《善恶的彼岸》研读课(1971 年10 月到1972 年5 月)。① 相较于惜墨如金的公开论文,施特劳斯在课堂上的讲授非常清晰、坦白,在课堂上,施特劳斯明确指出,要想理解尼采,需要从"表面"与"核心"两个层面进入:"表面问题"是尼采的现代民主生活方式批判,其背后有着深刻的哲学根基,进而,"核心问题"是"哲学与哲人"。借助该课程的录音整理稿,我们可以理解施特劳斯与尼采的复杂关系。

---

① 施特劳斯,《哲人的自然与道德》,布里茨整理,曹聪译,上海:华东师范大学出版社,2017。

1. 从表面到核心

研读课始于施特劳斯的自问自答。

> 问：为什么要读尼采？
>
> 答：尼采是至少过去六代人中最深刻、最全面的提问者。尼采提醒我们注意苏格拉底，即便，也恰恰由于，他质疑苏格拉底。[①]

施特劳斯随即说，他基于"表面"与"核心"的双重理由重新审视尼采，即政治与哲学的双重理由：所谓"表面"指的是法国大革命后的人类政治生活处境；所谓"核心"就是尼采在哲学上挑战苏格拉底。整个课程紧扣此论断。施特劳斯发现，他与苏格拉底都是被迫思考政治问题的哲人，理解尼采-苏格拉底之争是理解西方政治哲学的关键，而把握"表面"与"核心"的复杂内在关联又是理解这个重大争端的关键所在。

显而易见，尼采极度厌弃"平均主义"、"同情"、"弃绝苦难"等浅薄低级的民主品味，这些都是当今人类政治生活随处可见的现象：

[①] 施特劳斯，《哲人的自然与道德》，页37。

　　在欧洲的所有国家,甚至在美国,都在滥用这个名
字,那是一种很狭隘、受拘束、被拴在锁链上的精神……
他们属于平均主义者,这些被叫错了的、名不副实的"自
由精神"——他们巧舌如簧,妙笔生花,却是民主品味及
其"现代观念"的奴隶;……他们全力追求的,是绿草茵
茵的牧场上的普遍幸福,那里每个人都能生活得稳定、
安全、舒适、轻松;都被他们哼唱烂了的两套曲子或者学
说是"权利平等"和"同情一切受苦者",——苦难被他
们当作了必须弃之如弊履的东西。(《善恶的彼岸》格
言44)

　　不过,尼采憎恶现代民主品味不是出于单纯的个人喜
好,这背后有着严肃的思考,与尼采的整体思想密切相关。
尼采要在现代观念中的流俗自由观和幸福观中辨别出真正
的"自由精神"以及与此相关的幸福生活。尼采对现代观念
主导的生活方式不满,这是理解尼采思想的起点,于是施特
劳斯首先讲解了通行的"尼采的思想分期"的意义。

　　第一个时期是由古典学与叔本华-瓦格纳"不稳固的结
合"激发出的现代批判。这两种本质迥异的思想的结合共同
激发出尼采对现代观念的强烈不满。作为青年古典语文学
家的尼采深刻体会到现代观念下古典语文学自身的危机。
尼采还一度深受叔本华和瓦格纳的影响,计划以"艺术形而
上学方式"解决现代问题,为现代精神奠基。于是,在《悲剧

的诞生》中,尼采以叔本华的方式提出一种悲观主义形而上学。

尼采称第二个时期的自己是"地底劳作的鼹鼠",也就是写作《人性的,太人性的》时期,他开始与一切"浪漫主义"决裂,并陷入"精神危机"。他深刻地意识到,以浪漫主义新神学为现代精神奠定基础并不可能,现代人的精神危机无法以一种形而上学的方式得到解决。然而,形而上学遭到否弃之后,现代人的精神生活与道德生活将失去根基与依托。于是,尼采的使命转变为克服这场危机。表面看来,尼采克服这场危机的方案非常极端——即彻底推进现代科学及其启蒙精神。尼采后来称之为"一个老道的心理学家的地下工作",也称为"关于形而上学与所有传统价值的'化学'分析"。国家、社会、自由、真理,所有这些传统上被认为源于绝对本质化世界的东西,如今被尼采视为源于人的观念,在尼采看来,若要以科学的方式理解这些价值,就必须将之追溯至一个生理性起源。

可是,问题在于,对人类所有重要观念的化学分析(亦即拆解),如何可能与人类对生存意义的必然追问兼容。依据科学和启蒙的最终要求,人的生活被还原为机械的、彻底的生理现象,这种还原与宣告人类生活的虚无主义性质仅一步之遥。不过,尼采当然想到,虚无主义不能作为整个人类生活的根基,只能作为一种个体(personal)的洞见。尼采意识到,科学真理带给不同人的生活的冲击程度不同,而人需要

一种"必要的非逻辑性":

> 人即使再有理性,也不时需要自然的天性,即对万
> 事万物的一种非逻辑的基本态度。(《人性的,太人性
> 的》第一章,格言31)①

这个批判并不停留在政治层面,它深入到哲学。第三阶
段的尼采意识到关于"致命真理"的洞见只能属于哲人的个
体思考,这个洞见不适合作为人类生活的共同根基,哲人的
使命也就不能止步于洞见"致命真理",他必须尝试处理哲
学与政治的关系问题。尼采在《善恶的彼岸》中正是为捍卫
哲学的正当性才去思考人类生活。

施特劳斯指出,《善恶的彼岸》的谋篇布局正是尼采这
项使命的体现,第四章"格言和插曲"将全书分为两部分:第
一部分论述哲学与宗教,第二部分论述道德和政治。施特劳
斯强调,哲学是《善恶的彼岸》的首要主题。尼采不同于古
典哲人,他更看重的问题是,哲学或宗教谁来统治——政治
次于哲学或宗教。尼采断言,哲学在现时代面临着的新危险
的罪魁祸首是柏拉图,科学精神与民主精神引发哲学危机。
在尼采看来,这两者正是柏拉图哲学的必然后裔,它们一起

---

① 尼采,《人性的,太人性的》,魏育青译,上海:华东师范大学出
版社,2008,页47。

撼动了哲学的确定性（certainty）。尼采坚定而又激进地站在
哲学一边。

就捍卫哲学生活的正当性而言，尼采与柏拉图的根本使
命一致，施特劳斯认为，《善恶的彼岸》作为尼采亲自出版的
唯一一本书，尽管在序言中，尼采把柏拉图标为对手，但它实
际上在形式上最"柏拉图化"，最符合一个柏拉图式目的。
《谋篇》透露出尼采的意图，即他在哲学与宗教关系上的发
现（前三章）促使他被迫在道德和政治上承担起使命（后五
章），这种谋篇恰恰暗合柏拉图式政治哲学，因此施特劳斯把
尼采纳入"柏拉图路向的政治哲学"。施特劳斯提醒我们，
尖锐地批判民主生活方式只是尼采思想的最外在表现，重估
一切价值的理由与意图绝不仅仅停留在现时代政治的层面
上，核心问题是哲学。

2. 哲人的自然与道德

尼采断言"民主运动继承了基督教遗产"，基督教是民
众的柏拉图主义，民主运动的思想源头正是柏拉图以来的西
方文明传统，民主运动只是这个思想传统结出的果子，因此
在他看来，要从根子上批判民主，必须清理柏拉图以来的思
想传统。尼采认为，旧的价值早已失去稳靠的根基，必须为
未来哲学谱写序曲，第一步就必须重新清理柏拉图以来的整
个西方哲学传统。于是，尼采这部否定之书处理的首先是哲

人问题,也就是哲人们追求"真理"。理解全书的关键就在于,尼采如何理解哲学与改造哲学。

施特劳斯指出,尼采哲学使命的关键在于,要把**致命真理**(deadly truth)转化为**激发生命的真理**(life giving)。永恒复返的意图在于肯定尘世,借助永恒复返,尼采向一切现在存在,或过去曾经存在的东西说"是"。施特劳斯提醒我们必须注意尼采用问号提出永恒复返,这意味着尼采拒绝它蜕化为一种主义。施特劳斯赞赏永恒复返的原因是:

> 永恒复返就意味着人这个族类整体的永恒复返。它也意味着你的永恒复返——每个个体,伴随他独特的命运……人们必须对自己说,"无论我现在做什么,我都将必须无尽地重复。"……或许这正是《善恶的彼岸》比其他作品更吸引我的一个理由。①

永恒复返是尼采未来宗教的基础,它提供了在善的永恒、灵魂不朽等古典信念遭到普遍质疑的现代重新订立价值的可能性。永恒复返意味着,在承认本质性流变的同时,力图克服流变带来的虚无。倘若永恒复返是真理,生命、人的生命就不再是个流变之中转瞬即逝的偶然。人这个族群过去无限开放,也将会无限开放。尼采选择永恒复返学说的理

---

① 施特劳斯,《哲人的自然与道德》,页304。

由虽然并非施特劳斯所看重的那一点,但施特劳斯从中看到
了建立起一种道德伦理的可能性。

在《不合时宜的沉思》的第二篇中,尼采给出关于"致命
真理"的表述:

> 关于至高的生成的学说,关于一切概念、类型和种类
> 的流变性的学说,关于人和动物之间缺乏一切根本的差
> 异的学说——这些我认为正确但却致命的学说——在如
> 今流行的教诲狂中再经过一代人被抛掷到民族中去,那
> 么,倘若这民族沦亡在自私的渺小和可怜的事物上,沦亡
> 在僵化和利己上,亦即首先解体不再是一个民族,就没有
> 任何人应当感到惊奇:在这种情况下,代替民族的或许就
> 是个人自私自利的制度、以掠夺剥削非(兄弟)为目的的
> 结盟和功利主义粗鄙行为的相似造物。(《不合时宜的
> 沉思》之二"历史学对于生活的利与弊")①

古典哲人一度审慎地守护的三个致命真理如今早已成
为时髦学说,经过大众启蒙后,它们变得愈发粗鄙丑陋,人类
的生活品格也愈发堕落不堪,甚至濒临毁灭。尼采在现时代
有勇气重新在苏格拉底的高度与深度思考人类的基本问题。

---

① 尼采,《不合时宜的沉思》,李秋零译,上海:华东师范大学出版
社,2007,页131。

《善恶的彼岸》中的尼采面对的核心问题是,如何在致命真理大白天下的处境下,维护人的最高生活,即捍卫哲学生活的可能性与正当性,重新把致命真理转化为激发生命的真理。当传统价值判断伴随着致命真理大白天下变得虚弱无力时,人该如何继续坚持是-非、好-坏的价值判断,该如何为正义的生活辩护。

施特劳斯澄清了一种常见的对尼采的误解,即视其为"非道德者"(immoralist),颠覆一切价值的手刃上帝的疯子。施特劳斯特地提醒我们,尼采在这里要超越的是善(good)与恶(evil),而非好(good)与坏(bad)。① 重估价值不是抛弃价值。"非道德者"并非在通常意义上的不道德,而是"超越道德"(transmoral)。用尼采自己的话说就是"拆毁我们对道德的坚信",进入更基本的事实:

> 我下降到大地的深处,掘进到事物的根基,开始调查和发现一种古老的坚信,两千年来,我们的哲学家已经习惯在这种坚信上建筑,甚至当迄今为止伫立其上的每座建筑倒掉之后,仍不肯罢手,仿佛它是一切基础中

---

① 根据 Pütz 版《道德的谱系》第一章关于"善与恶"、"好与坏"的注释,在尼采这里,"好与坏"(Gut und Schlecht)依据的是贵族政治的原则,高贵者与统治者是好,低贱者与被统治者是坏。而"善与恶"(Gut und Böse)则源于基督教道德及其世俗化形式的同情伦理。参见尼采:《道德的谱系》,梁锡江译,上海:华东师范大学出版社,2015,页62,注释1。

的基础,磐石中的磐石:我开始拆毁我们对道德的坚信。
(《朝霞》,前言,2)①

然而,尼采深刻地看到,

　　善与恶是至今最未受到充分思考的题目:一个永远
让人感到太危险的题目。……把道德看作一个问题,看
作值得怀疑的:好啊! 这不就是过去所谓不道德吗? 这
不就是今天所谓不道德吗? (《朝霞》,前言,3)

在《朝霞》中,尼采打破各种道德偏见,相应地,《善恶的
彼岸》的首要任务是揭穿哲人们的偏见,即"道德偏见的哲
学基础"。尼采重估一切价值的哲学基础是对自然与历史的
讨论。施特劳斯指出,自然是贯穿《善恶的彼岸》的关键词。

尼采挑战的那种传统观念认为,有一种沉思自然的生
活,一种理论生活,这种理论表现为尼采在序言中指出的"柏
拉图杜撰的善本身",这种理论生活指向永恒和不变。柏拉
图式哲学称这个永恒且不变的东西、存在着的存在(ontos
on),在尼采看来,这种哲学恰恰意味着反对生成与流变。尼
采认为,真实而又致命的学说恰恰就是关于生成之至上性的
学说。根据一种尼采赞同的传统观点,唯一的存在哲人是巴

---

① 尼采,《朝霞》,田立年译,上海:华东师范大学出版社,2007。

门尼德,唯一的生成哲人是赫拉克利特。然而,尼采同时反对巴门尼德和赫拉克利特。在他看来,归根结底,既往的错误是因为过去的所有哲人全都缺乏历史意识(historical sense),即对于历史的感觉(the sense for history)。尼采用历史哲学反对形而上学。

施特劳斯特地指出,历史哲学不是尼采首倡的新东西,而是他所处时代的观念。"历史的哲学"(philosophy of history)这个术语始创于1750年,当时哲学以前所未有的方式意识到了历史。历史与哲学的结合的高峰在黑格尔,但在尼采看来,黑格尔哲学还不够彻底,它沉思人的创造行为,其自身依旧是沉思性的,而不是创造性的。尼采意识到,历史尚未完成,也不可能完成,由于历史意识的出现,只有当历史完成之后,哲学才能历史地沉思。尼采走得更远,他认为哲学自身必须是人类最卓越的创造行为,而非沉思自然。哲学的品质由沉思转换为创造,创造性成为现代人尤为看重的品质。

这样就不难理解尼采为何用大量篇幅重新解释哲人与自然的历史关系,其中第五章题目就是"道德的自然史"。尼采对自然问题的思考首次出现在第一章"哲人们的偏见",尼采敏锐地看到一种哲学学说与"道德意图",或者说"道德坚信"的深刻关联。

> 每种哲学中的道德(或非道德)意图构成了它本初的生命萌芽,然后这萌芽总能长成参天大树。确实,在

解释某个哲人的哪怕最怪异的形而上学论断是如何产生时,有效(和聪明)的做法是首先问自己:它想(或他想)以何种道德为目的? (格言6)

尼采进一步将其表述为"在每种哲学中都存在一个临界点,哲人的'信念'就在此现身"(格言8)。尼采在这一章主要以廊下派"依据自然生活"学说与背后隐秘的道德意图为例,在这段讨论中,他指控廊下派就自然问题撒了弥天大谎——"以自己的道德、自己的理想来规定自然、吞食自然",同时给出了他眼中的自然:

　　挥霍无度、冷漠无比、漫无目的、毫无顾忌,从不施舍怜悯与正义,既丰饶又贫瘠,从无一定之规。(格言9)

尼采揭穿了哲人们的自然法则圣典背后的东西——"规定自然",即哲人的权力意志。而且,这种权力意志作为最基本的事实贯穿于整个历史——不仅存在于古典世界,也存在于现时代。在格言9的最后,尼采断言:

　　哲学就是这么一种暴虐的欲望,精神上的权力意志,"创造世界"的意志,追求第一因的意志。(格言9)

权力意志让哲学按照自己的形象创造世界——而非沉

思世界,用尼采的话说"规定自然"、"创造自然",哲人按照自己的道德理想来规定自然,这就是尼采眼中的哲学。在格言22,尼采用类似的说法解释文本与阐释艺术:

> 原谅我,作为一名老语文学家,怀着不可遏制的恶意,要对那些低劣的阐释艺术指指点点;不过,那种被它的物理学家们如此骄傲地谈论、似乎如何如何的"自然法则",只是由于你们的诠释和低劣的"语文学"才得以存在,——它不是事实状况,不是"文本",而是带着一种幼稚的博爱进行的调整和曲解,你们以此来充分迎合现代灵魂中的民主本能!(格言22)

在格言108,同样的说法用在了道德现象与道德阐释:

> 并无什么道德现象,只有道德对现象的阐释。(格言108)

在《善恶的彼岸》中,尼采揭示出自然是彻底的混沌与无意义。尼采承认现代自然科学向我们揭开的终极真相——世界自身毫无意义。就此而言,真理是致命的。然而,在尼采看来,这并不意味着人类生活失去意义。因为意义来自于人的创造活动,通过人的创造活动,尤其是创造价值的活动,世界对我们来说有意义。尼采已经看到,一切哲人在这个问题上都比自己所知的宣称得更多,在一切哲学的根基之处,哲人的信念现身,这信念来自于"意志"。尼采对此有个形象的比喻,肥美健硕的倔驴走过来了,Ja,Ja(是的,是的)叫着。

尼采洞见到,哲人解释真理(文本)的信念来自"权力意志",而他宣称这是最基本的事实。"权力意志"是在对文本(真理)进行一种创造性的解释活动的根源。顺着尼采的思路,施特劳斯指出,即便真理本身是个躲躲闪闪难以捉摸的女人,但仍旧存在关于她的诸多种解释,这些解释仍旧有高下之分。于是,尼采面临一个困境:关于"权力意志"的洞见究竟是他的创造,他本人的"信念的现身",还是说,果真如他宣称的那样,"权力意志"就是真理本身、最基本事实? 施特劳斯拷问尼采:权力意志的自我知识难道是,它既是最基本事实、又是解释者这样的双重知识吗?

"权利意志"能够既是真理的解释者,又是真理本身吗? 它究竟是人为创造还是客观真理? 难道作为最精神性的权力意志,哲学既是真理,又是真理的解释者? 尼采既承认权力意志也只是一种解释:"希望诸位从一开始就明白,这其实只是——我自己的真理罢了"(《善恶的彼岸》,格言231),但他同时也认为,自己的解释是比以往的解释更加合理也更健康的解释。于是,施特劳斯看到,真理问题转化为一个解释问题:尼采的"权力意志"本身并非真理本身(即不可言不可知的文本),它也只是一个解释。然而,施特劳斯关注的是,即便存在无限多种关于世界或自然的解释,这些纷繁的解释孰高孰低,孰优孰劣依旧是个值得追问的问题。尼采的解释是不是真的高于柏拉图甚至柏拉图传统的解释?

3. 高贵的竞赛

尼采最强劲的对手是柏拉图,同时他赞美柏拉图是"古代最杰出的人物":

> 我们不应该忘恩负义,尽管我们必须承认,迄今所有错误中最恶劣、最顽固和最危险者,莫过于一个独断论者的错误,也就是柏拉图杜撰了纯粹精神(pure spirit)和自在之善(the good as such)。(《序言》)

尼采在《善恶的彼岸》中与柏拉图竞赛。一方面,尼采肯定柏拉图是古代最杰出的人物,例如他曾盛赞"柏拉图式思维方式"的高贵(格言14)。另一方面,尼采给柏拉图下了最严厉的判决,说他犯下了最恶劣、最顽固和最危险的错误。在第五章"论道德的自然史"中,尼采表达了他对柏拉图的不满:

> 自柏拉图以来,所有神学家与哲人都沿着这条轨迹前行,——就是说,在道德方面,迄今为止取得胜利的是本能,基督徒把它叫作"信仰",我则称它为"畜群"。

（格言 192）

第五章是《善恶的彼岸》的后半部分的开头，以"道德的自然史"为章题，其中把苏格拉底-柏拉图被视为道德的自然史上的重大事件，他把道德功利主义的算计归罪于苏格拉底。在第三章《宗教的本质》中，有段格言谈到过古希腊人的宗教生活：

> 在古希腊人宗教生活中，最令人惊讶的便是从中满溢出来的那股不可遏制的感激之情：——这是一类极为高贵的人，如此立于自然与生命之前！
>
> 后来，下等平民在希腊占了上风，宗教里就滋生出了恐惧；基督教也整装待发了。（格言 49）

这里出现"高贵之人"与"下等平民"的对比，与之对应的是"感激"与"恐惧"两类情感。格言 189 明确指出，古希腊人在宗教情感上的这种改变，背后的问题是神学上"信"与"知"问题，或者说"本能"与"理智"在价值判断上的权威性问题。尼采认为，理性主义的道德认为道德行为背后有目的性和实用性，这是一种计算，而道德原本出自一种"高贵的本能"。苏格拉底虽然并非没有洞穿道德判断中的非理性成分，但却欺骗众人、并且让自己的良心自我欺骗，相信服从理性就是服从本能。尼采把"苏格拉底转向"理解为心甘情愿

地忍受道德谎言:

> 柏拉图在此类事情上相对无辜,他没有庶民的狡
> 猾,只想使出浑身解数——以迄今为止哲人所能使出的
> 最大力量——来向自己证明,理智与本能会自发地向着
> 一个目标前行,向着善,向着"上帝";自柏拉图以来,所
> 有神学家与哲人都沿着这条轨迹前行……(格言189)

在尼采眼中,柏拉图为苏格拉底辩护的结果是,开启了
一条有可能让卑贱本能借助理性算计压倒高贵本能的道路。
一方面,尼采责怪柏拉图用苏格拉底式道德主义的高贵谎言
拯救哲学,实际结果却让哲学在接下来的轨道上成为宗教的
婢女;另一方面,他责怪反生命的、反现实性的柏拉图主义,
认为这正是柏拉图身上病态的东西(《快乐的科学》,格言
372)。那么,尼采想要的"伟大的健康"、"高贵的本能"又是
什么呢? 我们自然会和尼采一样发问:

> 我们何时方能去掉大自然的神性呢? 我们何时方
> 能具备重新被找到,重新被解救的纯洁本性而使人变得
> 符合自然呢?(《快乐的科学》,格言109)①

------

① 尼采,《快乐的科学》,黄明嘉译,上海:华东师范大学出版社,
2007,页194。

施特劳斯提示我们注意,"把人自然化" (vernatürlichen),让人复归自然、符合自然。这个词也出现在《偶像的黄昏》:

> 我理解的进步。我同样谈及一种"复归自然"。尽管它其实并非一种倒退,而是一种上升——升至崇高、自由甚至可怕的自然和天性之中,一种游戏和允许游戏伟大使命的天性。用比喻来说:拿破仑是一个"复归自然"的片段,如我对这个词的理解。(《偶像的黄昏·一个不合时宜者的漫游》,格言48)①

尼采的"复归自然"不是廊下派的自然,也不是混沌无序的自然,而恰恰是"精神性的权力意志"(即哲学)"规定自然"(立法)的活动。拿破仑是复归自然的一个片段,复归自然是一个过程,最终人这个整体在未来哲人那里完成复归自然,成为完满的、完成了的人(格言207)。这样一来,尼采就把自然和历史过程融合起来,历史让人能够复归自然,并且以人的复归自然告终。

值得注意的是,尼采的自然观念中始终存在自然的高低等级秩序,在这个秩序最高处是"完成了的人",尼采的完成

---

① 尼采,《偶像的黄昏》,卫茂平译,上海:华东师范大学出版社,2007,页175—176。

了的人、复归自然的人并不是一切人，复归自然后不平等依旧存在。所有的"过去如此"都是人之伟大前提。"过去如此"的自然一直以来被理所当然地视为既定的或强制的。当人完成之后，这些东西难道就不存在了吗，人就难道集体进入了消灭一切苦难的阶段了吗？尼采的回答是，并非如此，此后自然不再是个既定之物，而是人之意志。

施特劳斯认为，永恒复返的意义在于给出一个维护人类的永恒性的方向：过去只有亚里士多德出路和卢克莱修出路，即，要么是一种亚里士多德式的严格的、从不间断的永恒，要么是一种卢克莱修式的间断永恒。而尼采把权利意志和永恒复返结合起来，提出只要你**意欲**，在无尽的时间中，同样的状况必得再现。

施特劳斯认为，这既是尼采哲学的全部困境所在，也是《善恶的彼岸》最吸引他的原因——由于人的意欲，个体对现实的一切和自己的行为有着最高的责任感，这暗含了一种义务优先的可能性。可以说，这就是施特劳斯眼中的《善恶的彼岸》之美，尼采用高贵的自然取代神圣的自然。然而，施特劳斯重视尼采，也质疑尼采，对于尼采的解决方案，施特劳斯的评价是"没有出路"，甚至在某种意义上，他认为"墨索里尼的极盛时期也展现出尼采路向的缺陷"（第五讲）。[1]

---

[1] 施特劳斯，《哲人的自然与道德》，页148。

六 哲学与"真正的教育"

1. 柏拉图与西方知识传统

《斐多》上演了苏格拉底生命最后一天发生的事情,在自己的言辞中,苏格拉底重返年轻时代。这段回忆发生在苏格拉底证明灵魂不朽的半路上,经过一段长久的沉默,为了更有效地医治和抚慰友伴们灵魂的不安,苏格拉底进入了这段回忆(95e 以下)。他说,年轻时代久久萦绕在他心头的问题是,他想搞清楚每一事物产生、消亡以及存在的*原因*。困扰青年苏格拉底的这些问题并不是他独有的新创造,在他之前,被称作"哲人"的群体已经出现,他们追问*自然*,亚里士多德后来称他们为*自然哲人*。

亚里士多德说,哲学源自一种"对自然万物的惊异",这种惊异带着人去思考天体的运行和宇宙的创生,人开始一种**无实用目的的求知**,这种求知就是一种**至高的自由**(《形而上学》卷 A,982b15—20)。① 亚里士多德和他的老师柏拉图一样,都知道有这么一种说法:自然之秘只有神知,人不应上窥天机。按照如今哲学史教科书的通行说法,公元 399 年的苏格拉底之死是希腊哲学史上一个分界点,自然哲人被称为"前苏格拉底哲人",他们主要包括公元五、六世纪那些哲人,当然也包括一些苏格拉底的同时代人,这些人与苏格拉底关注的问题不尽相同。苏格拉底标志着哲学从自然学向政治伦理议题的转变,也就是廊下派的西塞罗那句名言所示:苏格拉底让哲学从天上回到地下。

然而,《斐多》中苏格拉底的回忆表明,青年时代的自己仍旧在思考与前辈哲人相同的命题,所谓"第二次启航"的关键则是对逻各斯和形相的发现。新旧问题同时出现在柏拉图的著作中,柏拉图讨论灵魂和城邦的正义,也同样关心原因、运动与变化、一与多和如今被称作认识论的问题。苏格拉底年轻时没能在前辈哲人的讨论中找到满意的答案,他只得放弃以往的那些自然探究的方式,开始第二次启航,以便更好地理解事物为何这样安排。苏格拉底说,如果直观周遭事物,包括属人事物和行动,会有失明的风险,好比直观日

---

① 凡涉及《形而上学》引文均出自吴寿彭译本。亚里士多德,《形而上学》,吴寿彭译,北京:商务印书馆,1996。

食而不借助水中倒影观察会导致失明。出于这个理由,他诉诸于**逻各斯**,从中观看事物之真(99e)。正是在这里,假设法和形相出现了。苏格拉底说,形相是他谈论原因的制作,通过假设某些东西的形相,可以解释原因,比如,由于美本身,美的事物才是美的(100e)。

这就是柏拉图的"形相论"(理念论)。通行的哲学史教科书会把它概括为,柏拉图划分了两个世界:前者是形相世界,包含纯粹完满的形相,后者是物质世界,其中的东西是形相不完美的分有者。形相世界是永恒不变的,只能用理性认识,物质世界是短暂多变的,用感知认识。形相比可感知事物具有更多的真实性。最后,还会补充一条,最高的形相是善,它是其他一切形相的原因。这种通行观点的源头是亚里士多德,主要文本是《形而上学》卷 A,987a30—b14 和 M 卷,1078b12—17、31—32。卷 A:

在青年期,他[柏拉图]最初与克拉底鲁相熟识,因此娴习了赫拉克利特诸教义(一切可感觉事物永远在流变之中,对于事物的认识是不可能的),在他晚年还执持着这些观点。苏格拉底正忙着谈论伦理问题,他遗忘了作一整体的自然世界,却想在伦理问题中求得普遍真理;他开始用心于为事物觅取定义。柏拉图接受了他的教诲,但他注重将问题从可感觉事物移到另一类实是上去……这另一类事物,他名之曰"形相"。分有同一形相者,有相同的名称。"分有"是新东西;毕达哥拉斯派说:事物之存在,模仿数;柏拉图则说这是通过分有。至于怎样能对诸形相分有或模仿,他们留给大家去捉摸。(987b11—14)

卷 M:

提出形相论的那些人是因为求真而引至形相上的,他们接受了赫拉克利特的教义,将一切可感觉事物描写为"永在消逝之中",于是认识或思想若须要有一对象,则唯有求之于可感觉事物以外的永恒实是。(1078b12—15)

苏格拉底并没有使普遍性或定义作为独立存在的东西,可他们却使它们独立存在,并称这些存在者为形相。(1078b30—32)

正是依据这两个经典段落,主流研究得出柏拉图中期形相论的具体内容,所谓中期形相论大致包括五个方面:1. 真实(real);2. 绝对(absolute);3. 直接可知(directly knowable);是可感知事物命名之 4. 原因和 5. 标准。① 同时,《形而上

----

① Kenneth M. Sayre, *Plato' Late Ontology*, Parmenides Publishing, 2005, p.14.

学》987a34 以下又提到了柏拉图的"后期本体论",也就是所谓的"未定之二":

> 他(即柏拉图)同意毕达哥拉斯派所说元一是本
> 体,不作其他实是的云谓,也同意他们所说数是一切事
> 物所成实的原因,但在涉及无定时,他不以无定为一个
> 单纯原理,而说无定出自大与小,并举示有所谓"未定之
> 二"。(987b26)

> 形相之于可感知事物以及一之于形相的暗含之物
> 就是"大与小"这"一对"。还有,他也像他的前辈,如恩
> 培多克勒与阿那克萨戈拉一样,分别把善与恶之原因安
> 排给这些要素。(988a11)

根据亚里士多德的说法,柏拉图把"一"与"大与小"分别当作善与恶的原因,善恶与一种数本原说就关联了起来。一种观点认为,《斐勒布》是柏拉图的最后一部对话,其中关于本原问题的说法符合亚里士多德提供的线索。《斐勒布》中的苏格拉底也谈到了自然哲人和他们探究的问题,他说,他们想了解我们所处的世界如何产生,如何运动,然而它们试图通过研究稍纵即逝的东西,而非永恒不变的东西达到这个目的,他还说,必须借助辩证术的力量达到不变之物(57e)。按照上述说法至少可以确定,柏拉图让笔下的苏格

拉底转借逻各斯的力量,获得了形相。按照亚里士多德的说法,柏拉图的逻各斯很可能与毕达哥拉斯派有关。柏拉图和亚里士多德都同意,柏拉图关心善的原因。

相传柏拉图学园门首镌刻着铭文"不懂几何者禁止入内",这让我们无法回避柏拉图与数学乃至西方科学传统的关系。主流西方科学史采信亚里士多德的说法,认为毕达哥拉斯派极端地认为终极实在是数,自然是数学的。柏拉图延续这个立场,主张构成万事万物的四元素可以还原为几种被称作"柏拉图立体"的正多面体,这些正多面体又是由三角形构成的。这意味着柏拉图或许持一种名为"数本原"的本体论学说。①

按照克莱因的观点,毕达哥拉斯派认为,所见所闻的一切都可以被计数。② 计数的对象是可感知事物,数(ἀριθμός)指的是一定数目的确定事物(a definite number of definite things),16世纪拉丁词 numerus[数]仍然保持这个意义。这一观点因不可共度量的发现而遭受冲击,很可能正是由于这一点,希腊数学偏爱几何学。一般认为,这个希腊几何学传统始于公元前6世纪的毕达哥拉斯学派。毕达哥拉斯派之所以关心数和几何,因为他们关心"多与一"的问题——多

---

① 如林德伯格,《西方科学的起源》,张卜天译,北京:商务印书馆,页115以下。

② 克莱因,《希腊数学和哲学中的数的概念》,见《雅各布·克莱因思想史文集》,张卜天译,长沙:湖南科学技术出版社,2015,页43—53。

个事物如何能被理解为一。

换言之,毕达哥拉斯派的数学是一种宇宙论,它试图理解可见宇宙纷繁现象之统一性与秩序。这也正是《斐多》提到的苏格拉底年轻时的关切。毕达哥拉斯派给数进行分类,比如奇数与偶数、三角形数、正方形数、五边形数等。分类试图解决关于数的统一性问题,即处于某种"形相"下的数的共同特征,每个种类的数被称为一个形相。在这种分类过程中,毕达哥拉斯派发觉,数的不同种类是数之"自然秩序",而计数的实际序列则不是"自然"的。宇宙依据数的种类来安排,每个可见物都属于某一类事物,属于某种数学性的种类。在这个意义上,每个可见物的本性是数,是数的某个形相。不仅如此,毕达哥拉斯派还从声音中发现了数的比例关系,他们从中得到"逻辑斯蒂"(logistic),这门学科是一切计算的基础。

毕达哥拉斯派用形相解决了数之统一性问题。一自身为一,这个"统一"就是一种"类"或者说"形相",一来自于多。据说,毕达哥拉斯派的解决方案是柏拉图哲学的来源之一(参《斐勒布》140、160)。

一方面,柏拉图由此解决一与多的难题。可感知事物可以被计数的先决条件是,存在"纯粹"的数单元,这些"单元"不是可感知对象,而是理性的设想。这些单元构成了一个与可感知事物分开的领域。每种单元之存在都是"一",也是不可分的。正是由于这一点,柏拉图在《王制》中把算数与几何安排成通往"形相"必经的学问阶梯。

另一方面,柏拉图由此更进一步地主张,把纷繁事物凝聚为统一宇宙的东西不是别的,就是纯粹几何比例。《斐多》中的苏格拉底提到困惑于一加一如何等于二,因为两个一都不是二,不包含二,但却产生了二。正是从这个计算关系中,苏格拉底看到静止与运动如何共同构成存在。柏拉图算数术看到了形相数,他把形相数作为算数术的范式,算术数当作形相数的影像,这就是所谓"未定之二"的来源。

由上可见,在传统西方科学史叙事中,柏拉图的数学形而上学影响大到难以估量。一般认为,关于数学与自然的关系,柏拉图和亚里士多德提供了两种理论,从古至今的自然科学家只不过在这两级之间摇摆而已。柏拉图哲学的基本问题和某些重要构成来脱胎于自然哲学,同时也对后来的自然学产生最重要的影响。据说正是柏拉图为后世的天文学研究确定了一项基本原则——必须用匀速圆周运动解释行星的不规则视运动。这基于对自然和宇宙的一种信念——表面的无序背后存在真正秩序,代表这种秩序的最简单运动是匀速圆周运动。①

"哥白尼革命"的最初动机与其说是为了颠覆这个原则,不如说是为了维护它。正是为了恪守这一原则,哥白尼

———————

① 克莱因,《哥白尼革命》,见《雅各布·克莱因思想史文集》,页86。

坚信,相比于托勒密数学天文模型,日心模型才是更优解。而这个模型与西方当时复杂的思想状况碰撞产生了人类宇宙论的根本转变。按照科学史家柯瓦雷的观点,16、17世纪发生的那场影响人类整体精神走向的"科学革命"的根源是形而上学和宇宙论,而不仅仅是方法创新。17世纪以来,现代思想的兴起带来了进步信念,新科学技术的巨大成就让人的力量空前增加,也让人相信自己可以征服自然,这场革命也让"科学变成哲学的权威"①

尼采认为,哲学在现时代遭遇的危机归根结底是柏拉图哲学的果实,科学精神与民主精神一起撼动了哲学的确定性(certainty),它们是柏拉图思想的必然后裔。

2. 尼采清理柏拉图传统

古典语文学家出身的尼采从未受过严格的科学训练,不过,从字里行间可以看出,他对当时自然科学理论的相关讨论相当熟悉。据施特劳斯说,有人清点过尼采的部分藏书,其中包括数十种科学经典著作和流行读物。尼采显然对科学有一定的认识,这让他对西方思想的历史看得非常深远。②《善恶的彼岸》副标题是"未来哲学导论",尼采的起点是

① 施特劳斯,"进步还是回归?",郭振华译,见《古典政治理性主义的重生》,页295—344。

② 施特劳斯,《哲人的自然与道德》,页102。

承认现时代的基本处境——传统哲学行将就木，自然科学强劲崛起取代传统形而上学。尼采认为，要把柏拉图以来颠倒的真理重新扭转过来，他在《善恶的彼岸》中完成了一项任务，清理哲人的偏见，为自由精神做准备，迎接未来哲学，第一章"哲人的偏见"同时清理古典哲学与现代哲学。

尼采首先拷问"求真意志"，深入真理之价值问题。

> 究竟是我们身上的什么要"追求真理"呢？——确实，我们曾驻足良久，探讨这求真意志的起因，——直至我们终于纹丝不动地伫立在一个更加基本的问题之前。我们开始追问起这意志的价值。倘若我们要的是真理，那么为什么要的不是非真理？不是飘渺不定？不是无知蒙昧？——关于真理的价值的问题走向了我们，——抑或是我们走向了这个问题？（格言1）

柏拉图式的答案会说，在永恒真理面前才可以找到这种纯粹的永恒。背后预示着永恒理念是好的，有价值的，稍纵即逝的万物是坏的。于是，在第二段格言中，尼采进一步对诸价值的对立发起攻击。在尼采看来，基于活生生的生活、或者说生生不息的生命的立场看，永恒的、真理的未必是好的，易变的、表象的也未必是坏的。尼采看到某些"危险的也许"——表象与真理也许是一致的。

那些好的、受人尊敬的事物的价值,恰恰在于这些事物与坏的、表面上与之格格不入的事物之间的令人尴尬的关联、纠缠、勾连,也许甚至在于两者本质上的一致。(格言2)

既然真理和表象也许并非对立,相反,它们也许一致,那么,哲人为何要求真? 尼采认为,必须搞清楚哲人求真意志的原因。

我观察哲人们的一举一动,字里行间全不放过。在如此细致的长期观察之后,我对自己说,必须认为有意识思维十有八九属于本能行为,哪怕是哲学思维也不例外。我们必须改变观念,如同我们改变了关于遗传和"天赋"的观念那样。生育行为在整个遗传过程及其后续发展中不起什么作用,同样,"意识"在任何决定性意义上都不是什么与本能相悖的东西,——哲人的有意识思维大多受到其本能的悄然控制,并被迫沿着特定轨道运行。在富于逻辑和看似独断的活动背后,是价值判断,说得更清楚些,是为了保持某种特定生命而提出的生理要求。(格言3)

尼采洞察到,哲人宣称摆脱了诸如本能之类的低的东西,但是,恰恰就在摆脱本能驱使的表象之下,哲人们实际上受本能指引。这种本能欲望让哲人证明事先已然确信的东西,但他们都对这种欲望不诚实。尼采认为,所有哲学都只不过是个体性言说,智性不真诚的哲人却对此矢口否认,还坚称哲学具有普遍性。尼采先是讨论了斯宾诺莎和康德,随后是柏拉图和伊壁鸠鲁,他直接挑明一个洞见:

> 在每种哲学中都存在一个临界点,哲人的"信念"就在此现身。(格言8)

随后,尼采揭穿了廊下派"依据自然生活"背后隐藏着的对自然的规定,权力意志出现了。尼采在第9条格言第一次提到权力意志:

> 哲学就是这么一种暴虐的欲望,精神上的权力意志,"创造世界"的意志,追求第一因的意志。(格言9)

在第13条格言中,他直接说:

> 生理学家们应当考虑考虑了,是不是要将一个有机体的自我保全欲望看作是它的基本欲望。活物的首要意志便是释放其力量——生命本身即是权力意志——:自我保全只是它的一项间接的、最常见的后果。(格言13)

权力意志就是尼采哲学的表达式。施特劳斯指出,尼采用权力意志取代了柏拉图的爱若斯和纯粹精神(der reine Geist),哲学是最精神化的权力意志,是一种对自然的规定。在序言中,尼采指控柏拉图捏造纯粹精神理解善本身,所谓善本身就是永恒价值(the eternal values),制造出一个虚构的世界。他认为即便这个世界坍塌了也不意味着哲学的失败,因为他要证明,不纯粹的精神**创造**可流变的价值。

从格言 10 开始,尼采处理现代哲学。基本观点是,这些五花八门的时髦表达只不过是表面看似非常理论化、体系化,充满极度琐细的逻辑推论,但归根结底也和其他论断一样,只是受到本能冲动和激情的推动而已。尼采在这里谈到一种反对时髦哲学的人,他们拥有另一种本能,他们本能地不满足于现代观念:

> 谁知道,他们是不是其实想要夺回某种东西,那是从前的一种更可靠的占有,某种古老的占有,属于从前的信仰,也许是"不灭的灵魂",也许是"古老的神明",总之是这样一些理念,它们比"现代理念"更能使人生活得美好,也就是欢快、充满活力? 这是不信任现代理念,不相信所有昨天、今天建立起来的一切;也许掺入了少许厌烦与讥讽,不能再忍受今天所谓的实证主义拿出来兜售的来源五花八门的垃圾概念,也许因为自己的品味比较高雅,所以讨厌光怪陆离的年市,讨厌所有强调

实在的半吊子哲学贩子卖破烂的作风,那些家伙除了炫人耳目,什么新东西真玩艺都没有。(格言10)

这种本能的意义在于,回忆起曾经的那种高贵谎言,让人不再满意当下的那些鄙俗的真理,脱离当下的鄙俗真理才有可能走向未来的高贵真理。在这个意义上,《善恶的彼岸》被称作未来哲人的先声。在尼采看来,回忆起从前的信仰、往昔的高贵,这是走向新的高贵的真理所必需的本能,也是重新出发的起点。正如《书籍之战》那个著名比喻所示:今人的山峰比古人的山峰低得多。然而,今人之中极少有人能看到并愿意承认这一点。

但是,下一步该怎么走呢?退回到对"不朽灵魂"的信仰和对"古老众神"的虔敬是否可以解决问题?尼采显然不这么认为,他不是复古派——尽管对自由民主带来的粗陋品质十分不满,他也深刻地看到保守主义没有未来。尼采称赞这些本能地不信任现代理念的少数人品味高雅,但他不赞成他们的逃避:

关键不是他们想要"倒退",而是他们——想要离开。再多一点力量、动能、大无畏精神和艺术家气质,他们就会想要超越——而不是倒退!(格言10)

这还不够,倒退并不够。尼采勇敢地呼告,下面的任务是超越,而非倒退。可是,该如何实现这种超越呢? 尼采反复提到致命真理,并期待能够凝视致命真理的人,这种人能够抛开柏拉图为致命真理编织的高贵谎言,直接与致命、荒谬的深渊对视。尼采承认普通人面对致命真理会逃走,或被麻晕,走向虚无。他期待未来哲人足够强大,正视深渊并通过创造活动超越深渊,而不是仅仅退回到柏拉图以来高贵谎言制造的安全地带中。

尼采的计划是由"高贵的谎言"通往"高贵的真理":

> 回忆起一种高贵的、一度占据统治地位的谎言,这就会让人不再满意眼下占据统治地位的庸俗真理,而这将有可能带我们走向一种未来的高贵真理。①

尼采认为,没人能够质疑现代自然科学揭开的秘密,试图继续保持致命真理的秘密已经不再可能。过去的最高生活依托于柏拉图主义的神圣至善,如今这已经被形形色色的庸俗真理攻占。用尼采的话表达——"上帝死了"。只有一条路——必须将这些致命的真理转化为活生生的真理,而这些活的真理可以让过去曾经存在、未来还将存在的最高的生活成为可能。

尼采呼唤超人的诞生,超人与柏拉图传统的神圣至善的

---

① 施特劳斯,《哲人的自然与道德》,页90。

差别是,超人仍旧是人,而非一个人之外的神。施特劳斯《谋篇》的最后一句话把尼采方案概括为:

高贵的自然取代了神圣的自然。①

尽管在尼采身后,他本人的方案遭到各种误读,比如生命哲学的拥趸们把生命活力等同于这种高贵性,生命本能取代了传统教养和道德责任,更不必说造成严重恶果的那种庸俗化理解。甚至,尼采本人或许不仅无力阻止虚无主义,而且最终被幽暗的深渊吞噬。但是,尼采在清理西方思想传统的同时向我们指明,必须首先唤起柏拉图式的高贵谎言。

3. 未来的教育:超越还是回归?

不过,正如朗佩特所见,年轻的施特劳斯心里装着尼采,年轻的尼采心里装着柏拉图,"尼采为我们提供了复兴柏拉图思想的机会"。② 尽管1886年的《善恶的彼岸》清理了柏拉图主义的传统,熟悉柏拉图作品的读者很容易看到尼采青

---

① 参见施特劳斯,《谋篇》。中译文见朗佩特,《施特劳斯与尼采》,田立年、何志刚译,上海:上海三联书店、华东师范大学出版社,2005,页222。

② 朗佩特,《施特劳斯与尼采》,田立年、贺志刚译,上海:上海三联书店、华东师范大学出版社,2005,页2。

年时代的柏拉图印记。1872 年 1 月至 3 月间,尼采还很年轻,他在任教的巴塞尔大学发表了题为"论我们教育机构的未来"的五次公开演讲,演讲的对象是大学生,主题谈论教育。① 这个时期也是《悲剧的诞生》的写作时期,不久前,年轻的古典语文学教授尼采在巴塞尔就职演讲的结尾表达了这个观点:语文学是,或应是,哲学的婢女。

这一时期青年尼采最迫切的哲学关切是教育:

> "你们把你们的哲学思考称为什么呢?"他问道。
> "我们",我说,"迫切需要一个定义,可是,我们大致是这个意思:我们相应认真地努力考虑,该怎样成为最有教养的人。"(《报告一》,页 122)

五次公开演讲在形式上并非常见的学术报告,它们采用了讲故事的形式。它们思考讨论一个"严肃"、"重要"且"令人不安"的题目——**"未来的教育"**,但却以生动的对话呈现这个主题,而且随处可见柏拉图印记。

引文中的"他"和"我"正是对话的主要人物,"他"是一位老哲学家,老哲人出场时口中念着《新约》(5:13)的名句"你们是世上的盐",当夕阳余晖挂在树梢上时,他"望着太

---

① 尼采,《论我们教育机构的未来:六个公开的报告》,收入《尼采遗稿》,赵蕾莲译,哈尔滨:黑龙江教育出版社,2012。下文仅随文注明报告序号和页码。

阳"。"我"是一位在读的大学生,之前曾在文理中学接受人
文教育。故事的背景是老人与青年争夺山顶丛林中的一片
寂静隐秘之地,双方都在等待夜幕降临后用这片地方完成自
己重要的仪式。老哲人与陪同他的弟子在守候一位最终并
未到来的朋友,大学生和他的同学则要纪念自己的文理中学
时代决定筹建文学社的美妙时刻。尼采为双方的相遇铺陈
了三段笔调优美的景色描写:

> 　　突然是大自然令人神清气爽的、甚至听不到呼吸的
> 静谧。阴影已经越来越大,太阳纹丝不动地炙烤着,但
> 是已经稍微有些西沉,一阵清风从莱茵河泛起微绿色光
> 的涟漪吹拂到我们热乎乎的脸上。……有一小块没有
> 树的空地,可以让人们席地而坐。坐在这里,人们的目
> 光可以掠过树木和灌木丛,向莱茵河眺望。恰恰是七岭
> 山脉蜿蜒曲折的美丽线条,尤其是那座龙岩山,在地平
> 线上把树丛隔开,而泛着粼粼波光的莱茵河自己则将瑙
> 能维尔特岛揽在怀里,构成了这完美剪影的中心。这就
> 是我们的共同梦想和计划被神圣化的场所。(《报告
> 一》,页116—117)

　　这段景色描写令人惬意地想起另一场著名对话的发
生地:

这落脚的地儿真美！这棵梧桐尤其茂盛、挺拔，那贞椒既高挑又浓荫，多美啊，花瓣俏枝头，芬芳铺满地……再有，这梧桐下的涌泉多诱人，流淌着的泉水多清凉，不妨用脚来证明一下……这地儿的徐风多可爱啊，舒服极啦；夏日的声音多清脆，应和着蝉的歌队。最精妙不过的是这地儿的草地，顺着斜坡自自然然躺在柔和之中，头正好舒舒坦坦枕着。(《斐德若》230b—c)

尼采写下这些优美的句子时，心中可能确实想着柏拉图。他在后文中明确用《斐德若》关于灵魂马匹的故事给第四次报告收尾。在《引言》中，他也自称，"从无知和无知之知出发"谈论这个严肃题目，促使他谈论这个论题的是一种因"当今荒蛮特点"爆发的强烈情感。不仅如此，五次演讲表达了常人在感情上很难接受的一个柏拉图式观点：**教育集中到少数人身上是自然的必要法则**。在前言中，尼采给出了一份阅读前必读的前言，说明这是一本写给有闲暇的"少数人"看的书，他寻求的读者是"为思考而思考的人"：

这些人"还有时间"。他们还可以挑选并且搜寻一天的好时光及其丰富的和精力充沛的瞬间来思考我们的教育前进，而又不必感到自责。他们可能自认为以一种十分有益的、值得尊敬的方式，即"在对未来一代人的思考中"度过了他们的日子。……他并非为了写书评或者再写一本书而去思考,而仅仅是为了思考而思考!
(《前言》,页111)

同时,这些人也是他事业的同行者:

　　他足够心平静气,无忧无虑,为的是与作者一起踏
上一条宽阔道路。很久以后的后人才能非常清晰地看
清这条路的目的地。(《前言》,页111)

尼采称这部作品是"传令官"。他要用它吹响战斗号
角,旗帜鲜明地反对现代教育的普及化和浅薄化。他在这里
勇敢地宣布,"真正的教育"是"坚持精神之贵族天性的教
育",教育的目标是"培养个别出类拔萃、为伟大的旷世杰作
做好准备的人"(《报告三》)。正式对话开始前,尼采设置了
一个颇具象征意味的有趣情节,这一情节同样可以表明青年
尼采对柏拉图传统更温和的态度,他把古老传统视作高贵的
象征,是对抗现代教育的同行者。
　　他安排的情节是,两位青年在纪念时刻到来前用射击打
发时间,才刚打出两枪,就有人愠怒地止住了他们。老者误
以为二人要决斗,以为他们是现代教育生产出来的野蛮大学
生。双方的遭遇充满火药味,甚至互相仇视。青年的枪声令
老人不安和恐惧,青年也在担心老人横加干涉他们的哲学思
考。双方同时希望在即将到来的夜里占据同一块宁静之所,

争端一触即发,戏剧冲突达到顶峰。这个危险的冲突蕴含着某种机运——双方其实有着共同的志趣。随后,一个细微的举动突然令双方和解,老人对同伴说:

> 你没有发觉,刚才我们看太阳时,他们是多么平静吗?……他们刚才不说话,不吸烟,只是静静地站着——我几乎认为,他们思考来着。(《报告一》,页122)

老哲人从青年的宁静姿态发觉,也许,他们是同类,也是沉思者。于是,老人招呼青年一起前往那片共同的理想休憩地,请他们谈谈是否已经开始思考什么。青年承认,他们思考的哲学命题就是自己未来的教育。老哲人态度和蔼地表达了赞许和祝愿,并主动把那块地让了出来,因为:

> 是啊,你们如此紧迫地探讨未来的教育。(《报告一》,页123)

青年们如愿获得那块宁静之所,沉浸在森林深处的自然之籁中享受着一种无目的的惬意感,昏昏欲睡:

> 我们不想有任何价值意义,不想代表任何东西,不想抱有任何目的,不想有什么未来,只想成为舒服地伸

开四肢躺在当下门槛上的无用之徒——而我们曾经正
是这种无用之徒,拯救我们吧!(《报告一》,页124)

在"我"的同伴即将沉睡之际,老哲人的声音让自然之
籁渐渐隐去,从远处紧迫而又清晰地向"我"传来,"我"不由
被谈话内容吸引,甚至心神激荡。

接下来的内容都是青年们偷听老哲人与学生的对话,老
人慷慨激扬的陈词持续了两个多小时,直到深夜。这些偷听
到的内容是哲人与学生批判并诊断现代教育的病症,从第一
次报告持续到第四次的开头。对话的起点是老人批评学生
违背了真正教育的基本原则,披上了现代教育的皮。老人在
谈话的一开始就提出了"真正教育的秘密"——真正有教养
者的数量与庞大教育机器之间必定不成比例。学生为了自
辩,描述了他个人无法抵御的民主时代教育现状的种种乱
象,他把这些乱象归结为教育的普及化和浅薄化,这两个方
面共同造成教育放弃自身的高贵要求(《报告一》)。

听完学生的抱怨,老人表示同情,并给予安慰。老人指
出,要走出眼下的困境,必须由一种新哲学介入教育。这种
新哲学不是始于希腊式"惊异",而是始于"惊恐",因为,它
必须首先始于对现时代极度的精神匮乏和愚蠢产生的惊恐,
敢于同现存所有事物决裂(《报告二》)。在对抗现时代野蛮
教育的战斗中,文理中学原本应承担"军械库"和"车间"的
作用,然而,无论是母语写作,还是古典语文,文理中学的教

育在各方面都表现得不尽如人意,《报告二》通篇用来抨击
文理中学的教育现状,展现其悲哀处境。

在第二次报告和第三次报告之间,尼采安排了一个非常
漫长的间歇停顿,老人与学生都陷入长时间的忧郁沉默:

> 文理中学作为最重要的教育机构所面临的罕见困
> 境像一个重负压在他们俩的心灵上,要摆脱这一重负,
> 好心的个人太势单力薄,而大众又不够好心善良。
> (《报告三》,页147)

文理中学是古典教育的载体,但现如今的古典教育是一
座脱离大地的空中楼阁:它"抽掉了脚下的乡土",没有和高
贵的"德意志精神"融会,却又压根无力摆脱庸俗的"德意志
文化"影响,所以亲近希腊世界的姿态充其量是一种"高品
位的错觉"而已。尼采区分了德意志精神与德意志文化,德
意志精神存在于德国宗教改革、德国音乐、德国哲学和德国
士兵的忠诚,而德意志文化则被界定为一种庸俗败坏的时髦
文化,二者格格不入。

尼采指出,文理中学本应是激发下一代对真正德意志精
神热爱的关键教育机构,但它不仅驱赶走了真正古代精神的
基本原则,反而还掉转头来向德意志文化敞开大门。最可怕
的莫过于教育者自身的堕落:以教师身份谋生的年轻古典语
文学家大多打心眼里相信,直接接触古希腊文化既无益处,

也无希望。他们虽然在课堂上教授着希腊,但在面对希腊世界的伟大时,他们的心灵根本无法被打动。填塞他们心灵的仍然是报刊杂志的大众传媒文化品位,面对支离破碎的古代世界,他们顶多只能钻进故纸堆,在无关宏旨的细枝末节中消磨人生。

尼采认为,造成这种现状的根源在于教育与国家的结盟:在现时代,教育放弃其高贵诉求,屈身于国家生活形式。现代国家夺取了哲学的教育权,换言之,在教育问题上,国家理由具有存在论上的绝对优先性。这意味着,现代欧洲教育的目的在本质上是功利的。

由于统治国家的任务过于艰巨,既要对内在数目庞大、心性各异的人们当中维护法律、秩序、和平和宁静,又要对外防止贪婪的异国觊觎国家财富。倘若有人献策,某种教育方案可以让国家和个人都满意:塑造出好公民,每个人都可以加以训练,成为为国家效力之人,同时又让每个人深信,只要接受国家指引,就可以获得丰厚的报酬,过上自由的幸福生活。那么,内忧外患的国家会"不假思索地拥抱那个毛遂自荐的同盟者"。这就是尼采那个时代的德国"受欢迎的国民经济信条"。

尼采锐利的目光看到,对于德意志民族而言,这种教育结果的上限是:

　　几乎每个年轻人都被直觉和教育督促着去把国家

感受为人类生存的发展高峰和最高目的。(《报告三》,
页160)

尼采绝不是要把国家排除出教育,相反,他强调教育必
须有其民族精神的根基。在这个问题上,希腊人的做法是他
心中的典范:

> 恰恰对于这种功利的目的,古希腊国家保持了尽可
> 能远的距离。思想深邃的希腊人恰恰因此而对国家产
> 生了那种对现代人来说几乎有失体统的、强烈的倾佩和
> 感激之情,因为希腊人认识到,倘若没有国家这种应急
> 机构和保护机构,任何独一无二的文化萌芽都不可能发
> 展,希腊人完全无法模仿的、对任何时代来说都独一无
> 二的文化恰恰是在它的应急机构和保护机构细心、聪明
> 的保护下才得以繁荣发展。国家不是其文化的边防哨、
> 调节者或者监督者,而是粗壮结实、健硕、披挂上阵的伙
> 伴和同路人,他护送那位令人钦佩的、更高贵的、几乎超
> 凡脱俗的朋友经历残酷现实,并且为此而赢得他的感激
> 之情。(《报告三》,页160)

"伙伴"和"同路人",这是尼采心目中国家与文化的理
想关系。对于希腊人而言,教育同时指向两种活动——追求
知识与政治实践。从柏拉图对话中可以很明显看到这个特

征:作为一篇纯思辨对话,《巴门尼德》的全体参与者们都对艰深的逻各斯抱有极大的热情,同时,他们当中的大多数人也是城邦政治的积极参与者。希腊思想围绕着人类活动的这两极展开,哲学与城邦是古典哲学的永恒主题。希腊人懂得国家对于精神生活的必要性,"苏格拉底之死"表达了哲学与城邦之间的张力。

尼采和希腊精神同样认为,我们所处的政治共同体的要求难以抵挡,因为,政治共同体毕竟是人类生活的基本需要。然而,尼采和希腊精神同样认为,人类有着不同层级的需要,这些需要不仅有着高下之分,而且甚至存在显而易见的巨大张力。尼采当然承认国家是共同体当中每个人生命的保护者,但他同时强调国家需要给那位"高贵的朋友"留有余地,甚至提供庇护所。

谈到激动处,尼采对话中的老哲人提高嗓门说:

> 我的朋友们,请你们记住,你们不能混淆两个问题。为了生存,为了进行生存斗争,人必须多学习;但是,人作为个体抱着这种意图所学所做的一切仍然都与教育无关。相反,教育只有在大大高于匮乏、生存斗争和需求的世界之上的空气层中才开始。(《报告四》,页163)

私密的谈话进行到深夜,老人最后总结说,"教育机构"与"满足生活所需的机构"是对立的,他甚至说,**一切现存教**

育机构都是后者而已。这意味着,尼采心中所想的"我们教育机构的未来"是一个属于"世界之上的空气层"的哲学构想,不是着眼于满足最低层、最普遍需求的现实计划,而是着眼于对自由心智的教育,这种教育权只能属于哲人。

谈到这里,老哲人突然沉默不语。一只冷杉的球果坠落到他面前,提醒他身处牛顿的新世界。人类不再生活在据说由柏拉图假定的那个匀速圆周运动的有序宇宙,而是生活在牛顿惯性定律的世界中。老哲人等候的人失约了,他一下子感到现实的凉意袭来。

然而,青年与老哲人的不期而遇让彼此相识。在四下无人的山顶上,青年如饥似渴地听完老人的慷慨陈词,意识到自己的双脚已经踏在深渊边缘。老人这番私下的交谈无异于在警告:

> 回去!别再往前走一步!你们知道,你们的脚会把你们引向何方,这条熠熠生辉的路会把你们吸引到什么地方吗?(《报告四》,页167)

夜阑人静,躲在暗处的两位青年听得心潮澎湃,再也按捺不住感激之情,同时扑向老哲人,热切地拥抱他。双方的这次重逢与初遇时一样动静不小,青年突如其来的鲁莽行动惊扰了老人,老人的狗和同伴拼尽全力自卫,直到青年模仿着老人的话喊出双方心照不宣的暗号时,双方才在暗夜中辨认出对方。

这一次,青年首先与老人的弟子达成了一致,一起劝说老哲人留在山顶。他们还一起提出了一个观点,正是这个观点激怒了老人。类似观点曾经出现在卢梭的成名作中:

> 自然命定要谁做学生的话,这些人根本无需教书先生。佛鲁冷、笛卡尔、牛顿这些人类的导师们自己何曾有过导师,他们的巨大天赋把他们带到的地方,哪有什么指导能把他们引到那里去呵?(《论科学与艺术》)①

青年和老人的同伴认为,既然老人口中的"真正的教育"面对少数精英,那些出类拔萃的天才其实知道找到自己的路,那么就不需要教育的拐杖帮助这些人。正如现有的德国教育并没有给提供任何养分和帮助,莱辛、温克尔曼、贝多芬、歌德、席勒依然成为了德意志精神最璀璨夺目的部分,因为,或许依照"自然法则",他们是:

> 通过上苍的恩赐而变得卓越超群的。(《报告四》,页172)

---

① 卢梭,《论科学与艺术》,刘小枫译,未刊稿。

老人激烈而愤怒地驳斥了这种观点——不仅莱辛等人辛苦地与"愚钝世界的对抗",英年早逝或冻僵的人更是数不胜数。老人向青年描述了两条路,第一条路通往时代的桂冠,以公民社会为目标,第二条路则是"那种精神"走的孤独之路,他渴求真正教育机构的理由正是为了保护和延续"那种精神":

> 对于另一小群人来说,教育机构是完全不同的。他们想依靠一个严格稳固的组织的保护来防止自己被另外一大群人冲走、驱散,防止他们中的个别人在早期过早疲劳中,或者在分心、蜕化、毁灭中,看不到其尊贵而崇高的使命。(《报告四》,页176)

老人谈论两条道路时,提到了两位大哲——柏拉图和卢梭,他们恰好是尼采称之为不得不与之达成和解并由之获得判断的四对(八位)思想家中的一对。[①] 当他描述人觉察到一种被低贱需求封锁的向上需求时,提到了柏拉图《斐德若》中灵魂的羽翼:

> 带着灵魂一起高飞——飞向万物不变的、纯洁的、

---

① 安塞尔-皮尔逊,《尼采反卢梭》,宗成河等译,北京:华夏出版社,2005,页19—20。

生成的原始形象的王国。(《报告四》,页177)

老人与弟子在谈论"柏拉图之马"的过程中达成和解:弟子重新被唤起驾驭灵魂马车的使命,老人表示为这匹马,应该原谅弟子。第四次报告的结尾,正当他们决定要离开山顶的时候,新情况出现了。

老人不顾挽留,只想尽快离开山顶,这时莱茵河附近闪现一道彩色亮光,并伴随着声响、乐曲和青年人的声音。老人认为,来者是他的朋友,这些都是他的信号。两位青年也通过一些迹象认出这几十个青年可能是他们在波恩大学的同学。老人的朋友与大学生们很可能一起到来。老人对此既惊讶,又愤怒,喃喃自语地抱怨他的朋友:

> 我宁可对所有这一整类人敬而远之……让明白我们的人听我们说话吧,可是,你为什么偏带一群肯定不理解我们的人来呢!我远方的朋友,你这样做,我可认不出你来了!(《报告五》,页181)

直到最后,尼采都未向我们揭秘莱茵河对岸的来客究竟是谁。不过,老哲人表达了一种对大学生的批判态度,这把对话引入了最后一个主题——对大学精神的批判,这个主题持续到结尾。直到1888年《偶像的黄昏》时,尼采仍在讨论这个主题,他自称"十七年来孜孜不倦地揭露我们时下科学

获得的非精神化影响"。① 尼采在那里再次批判了德国高等
教育,"普及的、平庸化的教育的民主主义",②在他所在的时
代,德国已经形成了以精神个性和自决为理想精神的现代教
育体制。

尼采借老哲人之口批判了这种以自由和自主为原则的
教育理念及其后果。从文理学院到综合大学,教育全都朝向
培养"独立性"的目标。尼采在这里引用了卢梭的名言——
自然打碎了你们的模子。尼采认为,正是受这个观念主导,
时代教育发生了一种前所未有的变化:

> 人们从来没有如此强烈地痛恨任何奴役,当然也痛
> 恨施教和教育的奴役。(《报告五》,页183)

今世之人酷爱自由、自立,甚至夸张到认为被教育也是
被奴役。在教育领域,人们推崇的学术自由不过是老师与学
生各行其是,双方可以自由选择愿意说出来和愿意听进去一
切。不过,这种自由其实被圈定在国家这个最高理由之内,
只要不妨碍国家理由,一切内容都可以由学生自主决定。尼
采在这里提出三个标准衡量"自由大学生"的教育——哲
学、艺术直觉和希腊罗马文化,他认为,由这三个标准看,当

---

① 尼采,"德国人失去了什么",《偶像的黄昏》,页101。
② 同上,页105,注释3。

今大学教育全盘失败。首先,尼采提出人在青年时代自然生发出对永恒问题的困惑,这种形而上学困惑需要哲学引导,才能不丧失生存的稳固基石。而现如今的学术不再关心青年的这种自然哲学冲动,历史性的、语文学的狭隘专业学术取代了对永恒问题的深刻阐释,"哲学本身已经被从大学里排挤出去"。同时,大学也不关心艺术。于是,大学生在希腊人面前显得像是"野蛮人",而且是:

> 无助的野蛮人,日常生活的奴隶,被束缚在瞬间的铁链上忍饥挨饿——永远忍饥挨饿!(《报告五》,页191)

尼采把人们如今称道的这种自由独立命名为"野蛮意义上的自由":表面的自由背后隐藏着自我保全的铁链,不再有永恒真理的需求,只有此刻自我保全的需要。青年们在萌生了艺术和哲学冲动的年纪缺乏引导,又被要求独立自主,进而产生自由的幻想和随之而来的无力感。如此一来,本能的高贵需求实际上被遏制在日常生活的琐屑之中。

唯一的解决办法是"真正的教育"。尼采坚定地提出:

> 所有教育都始于人们现在吹捧的学术自由的东西的反面,始于顺从、隶属、纪律和沉浮。正如伟大的领路人需要被引领者一样,那些应该被引领的人也需要领路

人。(《报告五》,页193)

1872年圣诞夜,尼采写下"五本未写之书的五个前言"献给瓦格纳夫人科西玛,其中第二篇是"《关于我们教育机构未来的想法》前言",在这篇前言中,尼采向读者坦陈:

> 他还看不见这条路的目的地,他必须诚实地相信自己目的地的漫长道路,好让后代的或许遥远的后代用眼睛看到我们盲目地、只是在直觉的引导下探索的是什么。

尽管不知道这条路最终通往何处,尼采仍然敢于号召自己的读者和战友,原因在于"对无知之知的了解"。"无知之知"是苏格拉底的经典表达:苏格拉底知道自己一无所知,这源自他对哲学的可能性及其限度的深刻认识,人类灵魂本身对整全有着某种直觉,可以通过辩证术不断去认识,但这绝不意味着人类理性可以认识整全,从而获得了确定性的终极知识。

这意味着,哲学或许无法解答人类世代萦绕于心的天问,但是,在这种直觉引导的探索下,人类不断尝试解决它们,不断检审自己的意见和偏见,一次次化险为夷,在悬崖面前寻找出路。①

---

① 施特劳斯,"进步还是回归?",郭振华译,《古典政治理性主义的重生》(修订版),页332、335。

图书在版编目(CIP)数据

蒙以养正:哲学与青年教育/曹聪著.
--上海:华东师范大学出版社,2021
(六点评论)
ISBN 978-7-5760-1236-1

Ⅰ.①蒙… Ⅱ.①曹… Ⅲ.①西方哲学—研究②青少
年教育—教育研究 Ⅳ.①B5②G775

中国版本图书馆 CIP 数据核字(2021)第 015841 号

华东师范大学出版社六点分社

企划人　倪为国

六点评论
蒙以养正:哲学与青年教育

著　　者　曹　聪
责任编辑　彭文曼
责任校对　王寅军
封面设计　卢晓红

出版发行　华东师范大学出版社
社　　址　上海市中山北路 3663 号　邮编　200062
网　　址　www.ecnupress.com.cn
电　　话　021-60821666　行政传真　021-62572105
客服电话　021-62865537　门市(邮购)电话　021-62869887
地　　址　上海市中山北路 3663 号华东师范大学校内先锋路口
网　　店　http://hdsdcbs.tmall.com

印　刷　者　上海盛隆印务有限公司
开　　本　889×1194　1/32
印　　张　5.75
字　　数　90 千字
版　　次　2021 年 3 月第 1 版
印　　次　2021 年 3 月第 1 次
书　　号　ISBN 978-7-5760-1236-1
定　　价　45.00 元

出 版 人　王　焰